과거는 지우고 미래는 디자인하는

야발성

국립중앙도서관 출판예정도서목록(CIP)

과거는 지우고 미래는 디자인하는 역발상 / 지은이: 이은구. -- 고양 : 시지시, 2015
    p. ;   cm. -- (이은구칼럼 ; 제14집)

ISBN 978-89-91029-50-7 03320 : ₩11000

칼럼집[--集]

304-KDC6
300.2-DDC23   CIP2015018809

• 이은구칼럼 제14집 •

과거는 지우고 미래는 디자인하는

이은구 지음

신지서원

이은구칼럼 제14집

과거는 지우고 미래는 디자인하는 일상

초판 1쇄 발행 2015년 7월 14일 **지은이** 이은구
발행처 시지시 등록 제2002-8호(2002.2.22)
주소 ㉾410-905 고양시 일산동구 호수호 688. A동 419호
전화 050-5552-2222 / 070-7653-5222 **팩스** (031)812-5121
이메일 sijis@naver.com

ISBN 978-89-91029-50-7 03320   **값** 11,000원
Copyright ⓒ 이은구, 2014 Printed in Korea

"매일매일 달라져라.
그렇다면 성공할 것이다."

상식을 때려 엎는 역발상의 주인공,
30년 외길로 이어온
그의 뚝심 전선은 아직 이상 없다.
앞으로도 강한 힘으로 세상을 돌파할 것이다.
지적재산권 170개를 확보한 아이디어맨,
삶의 시련과 아픔을 통해
요동치는 세상을 뒤집어보고
잘못되어지는 현상을 가차 없이 지적하는 그를 만나
그가 제시하는 성공기법과
이 사회에 제안하는 역발상의 내용들을 들어본다.

저자 이은구

대전사범학교 졸업. 경영학 학사
동국대학교 대학원 최고위과정 수료
초, 중고등학교 교사 15년
≪경의선문학≫ 수필 등단
전국소기업연합 공동대표
(사)한국놀이시설생산자협회 회장
민주평통고양협의회 수석부회장 역임
해미중학교 총동창회장
해미사랑장학회 이사장(현)
국립대전사범학교 총동창회장
경의선문학회 이사
(주)신이랜드 대표이사(현)
시민신문사 운영위원장(현)
고양상공회의소 고문
고양경제인연합회 고문
2008년 대통령 표창
2010년 독서 생활중앙회 칼럼부문 대상 수상
2010년 장영실 발명문화대상 수상
2012년 도전 한국인상 수상
2012년 대한민국 성공대상 수상
2012년 신한국인상 수상
2012년 21세기 한국인상 수상
2013년 혁신한국인상 수상
2015년 국토교통부장관 표창

•방영된 다큐멘터리•

MBS 다큐멘터리 [작은 거인] [뚝심전선 이상 없다]의 주인공
EBS 다큐멘터리 [나의 뜻, 나의 길] [노가다 맹장]의 주인공
KBS 다큐멘터리 [휘파람을 부세요] [시스템 사장]의 주인공
SBS 톡톡비지니스
C&M 함께 살아가는 세상 외 1편

현재 저자는 발명특허, 실용신안, 의장 등 170여 종의 특허를 보유하고
있으며, 놀이시설, 휴식시설, 체력단련시설 등 800여 종의 고유 브랜드를
개발하여 전국에 보급하고 있다. 놀이시설 안전인증 최다 합격품을 출시
한 이들 시설물은. 청남대, 엑스포, KBS, MBC 등의 주요 기관과 전국 각
지의 300여 아파트 단지에 설치되어 있다. 특히 조립식 간이 정자는 가
장 좋은 시설로서 그 명성을 자랑한다.

미술 레슨은 꿈에도 생각할 수 없던 시절 그의 집은 너무나 궁핍했다.

겨우 초등학교를 졸업하고 농사일을 해야 했던 그의 예술적 재능을 안타깝게 여긴 선생님들이 중학교 입학등록금을 모아주어 학업을 계속할 수 있었다. 그 후 대전사범학교를 나와 중등학교에서 15년간 미술교사로 재직하면서 충남미술대전에 입상하기도 했다.

1970년대 말, 일선 학교 교육현장의 개혁안이 거부된 것을 계기로 사표를 던지고, 학교에 대한 사무용품류 납품사업을 하던 중 본격적으로 조경시설에 대한 새로운 아이디어를 내기 시작한 것이 오늘날의 (주)신이랜드가 되었다. 납품의 영역이 학교에 필요한 시설설비로 확장되면서 휴식시설의 일종인 파고라(Pagora)를 만들기에 이르렀고 막노동판의 거칠고 낯선 환경에서 아무것도 모르는 것을 오히려 장점으로 삼아 오늘의 성과를 이끌어냈다.

♣ 95% 확인정신으로 임했다.

♣ 불필요한 접대문화를 지양했다.

♣ 안 되면 안 되는 이유를 끝까지 찾아내서 해결했다.

♣ 실수한 것을 격려하고 그 원인을 찾아내면 상을 주었다.

♣ 경쟁업체에서 기능인을 스카우트하지 않았다.

♣ 외상은 하지도 않고 주지도 않는다.

♣ 대금 중 30%가 입금되어야 계약으로 간주했다.

♣ 안전교육 없는 시작은 없다.

♣ 믿으면 100% 신뢰하고 그렇지 않으면 아예 믿지 않는다.

기업인으로서의 이은구가 실천해 온 역발상 경영은 하나같이 일반적인 기업인들의 관행과는 사뭇 다른 것들이다. 역발상의 힘이었을까? 영세기업의 숱한 제약을 극복하고 현재, 국내 최대의 조경시설업체로 우뚝 솟은 (주)신이랜드는 놀이시설, 휴식시설로 발명특허 1건, 실용신안특허 11건, 디자인등록 150건, 상표등록 7건 등 관련 특허만도 170개를 보유하고 있는 알짜 벤처기업으로 성장했다.

어린 시절, 자칫 학업의 꿈을 포기할 뻔했던 그에게 화가의 꿈을 키워갈 수 있게 해주신 초등학교 선생님들의 고마움을 가슴에 새기고 늘 교육자적인 양심과 관찰에서 떠나본 적이 없으며 장애인들을 비롯하여 각종 사회복지시설에 대한 후원과 시설 기증을 아낌없이 실천하고 있다. (주)신이랜드 대표이사로서, 사단법인 한국놀이시설 생산자협회 회장, 민주평통고양협의회 수석부회장을 역임했고 현재 시민신문사 운영위원장을 맡고 있다.

저서로는 『노가다 병법』(1993, 김영사), 『네모난 지구, 둥근 지구』(1994, 3차원), 『소기업은 개똥참외냐』(1996, 삶과 꿈), 『우리집 안전박사』(1997, 생활지혜), 『역발상 세상보기』(2005, 시지시), 『최강의 역발상』(2007, 모색), 『괴짜 사장의 역발상』(2008, 모색), 『청개구리 역발상』(2009, 모색), 『역발상 세상 바꾸기』(2010, 모색), 『상식을 뛰어넘는 역발상』(2011, 모색), 『5년 앞을 내다보는 역발상』(2012, 모색), 『안 되면 될 때까지 역발상』(2013, 시지시)가 있고, 그 외 다양한 칼럼이 있다. 또한, 중소기업 역발상 경영의 선구자로 주목받으면서 KBS, MBC, EBS, SBS 등의 지상파 방송과 C&M 등의 케이블 방송들이 앞 다투어 그의 경영 노하우를 소개하는 다큐멘터리를 제작, 방영했다.

그는 언제나 도전하는 삶을 살고 있다. 가난에 도전했고 배움에 도전했으며, 노가다판에 도전했고, 중소기업의 운명에 도전했다. 처음 멋모르고 뛰어든 막노동 현장은 암담했지만, 그는 결코 좌절하지 않았다.

그리고 그 숱한 도전에서 승리했다.

그의 꿈은 지금도 진행 중이다.

신이랜드 사훈
95% 확인정신

실천강령
신속정확
정직필승
공평무사

※ 乙이 甲을 관리하며 일하는 회사.
(갑:발주자, 을:신이랜드)

세 번째 책 '네모난 지구, 둥근 지구'는 감성이 지배하는 사회를 합리적으로 바꾸자는 역발상 최초 실험적 글이었다.

이 책이 나왔을 때 한 지인이 책 내용이 도발적이고 현실에 맞지 않아 반박글을 쓰려고 문방구에서 노트를 구입했다.

처음 읽었을 때 여러 줄이 나왔다.

2번째, 3번째 읽으며 반박내용을 지워갔다.

4번째 읽은 후 모두 지웠다는 이야기를 들었다.

필자의 글을 처음 읽으면 현실성 없는 억지주장처럼 느껴질 때가 있는 모양이다.

필자는 5년 앞을 내다보고 쓴다.

지금의 현실과 거리가 있고 모두 불가능하다고 생각할 수 있는 이야기와 대안들이다.

대중이 느끼지 못하고 생각하지 못한 것들을 미리 보고 미리 생각하여 쓰는 버릇이 18년째다.

필자는 그런 것들이 하나하나 현실이 되고 유사하게 변하는 것을 보며 가슴이 부풀어 오르고 통쾌한 마음이 들 때가 많다.

18년 이상 이런 글을 쓰면서 반대 댓글도 보았고 찬사도 받았다.

앞으로 몇 년은 더 쓸 것 같다.

'과거는 지우고 미래를 디자인하는'이 이번 책의 부제이다.

'하면 된다!'를 가훈으로 정하고 아이들에게까지 실천하도록 권하지만 맘대로 되지 않는데 독자 중엔 이해 안 되는 내용도 있겠지만, 아직 현실로 나타나지 않았으니 지켜보는 수밖에 방법이 없을 것이다.

기존의 고정관념을 뒤집는 역발상이 전 세계를 강타하고 있는
경제불황을 극복할 수 있는 새로운 힘으로 더욱 주목받고 있다.
　세상 사람들이 옳다고 하는 일이 다 옳은 것이 아니라는 '청개
구리식 역발상'이 새로운 경영의 '힘'이다.
　매주 토요일 한 주간을 돌아보면서 쓴 주간 칼럼들을 책으로
만들었다.
　월간 《참좋은이들》, <목재신문>, <시민신문>, <동아경제>,
<전국매일신문사>에 연재하고 다음, 네이버, 신이랜드, 이은구
홈페이지에 공개했던 내용을 한데 묶어 이은구의 눈에 비친 세
상, 머릿속에 그리는 세상을 역발상으로 생각해보고 주로 정책에
대한 대안을 제시했다.
　보는 각도와 위치에 따라 해석과 처방이 다를 수 있겠지만 제
3자의 입장에서 세상을 보려고 노력했다.
　나아가 부정적 시각보다는 긍정적 시각으로 지금 당장보다는
5년 후의 미래를 그려보려고 노력했다.
　그간 1천 회 이상 썼던 칼럼 중 아직 바뀌지 않은 그때 그 생
각들의 일부를 Part 2에 다시 게재했다. Part 3엔 세월호 참사
를 보면서 온 국민이 안전에 관한 관심이 어느 때보다 높아,
1998년에 펴낸 『우리집 안전박사』(산업현장에서 순간적으로
발생하는 사망 사고)의 일부를 실었다. Part 4엔 과거가 없는
현재와 미래, 상상 공상의 방을 신설하였다.
　이 책을 통해 대한민국에서 제조업과 소기업을 운영하는 경영
자들과 임직원들, 지원보다 규제를 선호하는 공직자들, 그리고
사회 각 분야의 젊은 초심자들이 유익한 기회를 얻을 수 있기를
바라는 마음이다.

2015년 여름 저자 이은구

CONTENTS

50

Part 2 아직 바뀌지 않는 것들 이것들은
꼭 이루어져야 할 텐데

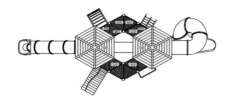

Part 3 안전사고 사례와 처방

Part 4 과거가 없는 현재와 미래의 방

Part 1

세상을 보는 색다른 시각

1 싸우지 않고 잘 사는 생각(상상과 공상의 세계)

5,000년 역사를 자랑하는 우리나라가 5,000번의 전쟁을 했다는 말을 믿을 사람은 많지 않을 것이다. 기록이 없던 시대까지 거슬러 올라간다는 것이 신빙성이 없을 수는 있지만, 주변 강대국들의 부침에 따라 우리도 휘말릴 수밖에 없었을 테니 그만큼 싸움이 잦았던 나라임에는 틀림이 없다. 주변의 강대국들도 오랫동안 동족까지 또는 이웃끼리 싸우면서 갈라지고 통합되는 과정을 거쳐 오늘에 이르렀으니 그들의 역사도 싸움으로 얼룩졌음이 틀림없다.

그러다 보니 모든 나라의 사람들에겐 싸워 이겨야 생존할 수 있다는 생각으로 가득 차 있을 것이고 우리나라 국민의 의식도 싸워 이기지 않으면 망하거나 생명을 부지할 수 없다고 생각하게 된다.

그런 와중에도 신라 경순왕이 옥쇄를 가지고 고려 왕건에게 가서 싸우지 않고 합병을 한 역사도 있다.

일본식민통치 36년도 사실은 싸움 없이 대신들이 스스로 합병을 결의하여 받은 치욕이었다. 훈련된 군대와 무기가 없으니 그들과의 싸움이 불가능하다는 판단에서 스스로 선택한 고육지책이었을 것이다.

상대방보다 월등한 힘을 갖고 있거나 월등한 기술력을 갖고 있다면 싸우지 않고도 상대방을 제압할 수도 있고 가만 놔둬도 돈 보따리 들고 찾아오거나 스스로 고개 숙이고 들어오게 할 수도 있다.

1960~70년대까지는 무력으로 북한을 통일하자는 주장이 대세였지만 지금은 통일이 쉽지 않다는 것을 다 알고 있어 통일 자체를 논의하려 하지 않는다. 2,500조 이상 들어갈 통일 비용을 준비하지 못했고 60년 동안 이질화된 언어, 생활양식 등을 어떻게 통합할지 방법조차 찾지 못하고 있기 때문이다.

지금 북한은 우리나라를 전복하고 북한 중심으로 통일할 수 없다. 남한이 무력으로 북을 흡수 통일할 수도 없다. 오랜 시간 동안 서로 왕래하면서 언어와 습관을 비슷한 수준으로 통일하고 그쪽의 생활수준도 국민소득 3,000달러 이상이 될 때까지 지원하고 자립할 수 있는 기회를 주어야 한다.

누가 집권하든 싸우지 않고 통일하기 위한 준비를 차근차근히 해나가야 한다.

개인도 마찬가지다.

경쟁자나 경쟁업체를 이기려고 상대를 음해하고 상대방의 약점을 파헤치고 때론 상대회사의 직원을 빼 오는 등의 방법은 오래 지속할 수 없다.

꾸준히 기술 개발하고 자금 축적하여 좋은 제품 만들어 전 세계에 내다 팔면 이웃끼리 동종업계 회사끼리 싸우지 않고도 같이 잘 살 수 있다.

모든 국민이 그런 방향으로 갈 수 있도록 정부와 사회 각계 지도자들이 노력해야 한다. 좁은 땅에서 우리끼리 경쟁하지 말고, 넓은 땅에 나가 자금력과 기술과 품질로 경쟁할 수 있도록 해야 한다. 현재 남아도는 고급인력을 세계 각국으로 내보내어 부를 축적하면 같이 잘 살 수 있는 길이 앞당겨질 것이다.

지금 메르스라는 중동호흡기증후군 바이러스 공포에 온 국민이 불안에 떨고 모든 분야의 경기가 극도로 악화된 상태다.

세계 각국에서 발생하는 신종 바이러스 퇴치약, 예방약만 신속히 개발해도 전 세계에 팔아 수십조 원을 벌 수 있을 것이다. 물 부족 사태가 전국으로 확산될 조짐이다. 바닷물을 정화해서 식수로 쓸 수 있는 장비를 개발해도 수십조는 거뜬히 벌 수 있고, 나무 한 그루에서 여러 종류의 과일이 열릴 수 있도록 연구하는 것도 불가능하지 않을 것이다.

군대 없이 휴전선을 경계할 수 있는 로봇을 개발하는 것도 머지않았으니 포기하지 말고 미래를 위한 준비를 한다면 상상의 세계를 넘어 공상의 세계까지 우리 앞에 현실로 나타날 날이 올 것이다.

15년 06월 19일

2 과거는 지우고 미래를 디자인해야

사람들은 항상 과거를 잊지 못하고 있다. 그뿐만 아니라 과거에 하던 방법 그대로 하려하고 현시대에 맞지 않는다는 것을 알면서도 과거 습관을 고치려 하지 않는다.

고집스러운 사람, 고집이 센 사람들은 모두 과거 지향형이다. 6·25전쟁을 겪은 세대들은 북한을 괴뢰집단이라 하고 모두 죽여야 내가 잘 살 수 있다고 생각하는 사람들이 많다. 맞서 싸우던 과거만을 생각하기 때문이다. 과거 일본군이 저지른 군 위안부 문제도 당시 우리의 국력이 약해서 발생한 일이니 우리가 먼저 해결하겠다는 역발상을 발휘한다면 일본의 콧대를 꺾으면서 단숨에 해결하여 아팠던 과거를 지우고 새 출발 할 수 있을 텐데!

자라나는 세대들은 북한과 일본에 대한 적대적 감정이 강하지 않다.

쓰라린 과거를 경험하지 않은 세대가 미래지향적일 수밖에 없다. 과거가 있는 노인일수록 젊은이들처럼 미래지향적으로 바뀌는 연습이 필요하다.

미래는 보이지 않아 어떤 현상으로 나타날지 모른다. 일단 나타나면 허둥대게 된다. 세계적 수준을 자랑하던 병원들이 메르스를 처음 겪으면서 허둥대다 환자가 폭발적으로 발생하면서 혼란에 빠져있다. 과거 유사한 바이러스 질환들이 있을 때마다 혼란과 큰 피해를 당하면서도 미래를 준비하지 못한 대표적 사례이다.

바이러스는 수시로 변이를 거듭한다. 신종바이러스가 나타났을 때 어떻게 대처할 것인가를 미리 연구하고 대비했더라면 메르스를 간단히 퇴치했을 것이다.

우리는 늘 과거와 현재만을 보고 살아왔다. 지금부터 생각을 바꿔야 한다. 미래를 디자인하며 살아가야 더 좋은 미래, 더 아름다운 미래, 더 안전한 미래를 맞이할 수 있다는 국민의식이 싹터야 한다.

미래를 위한 건강 디자인은 모든 이에게 필수다. 노후를 위한 재무 디자인도 100세 시대의 필수일 수밖에 없다.

미래에 나타날 수 있는 무서운 질병(바이러스)을 연구하는 연구센터가 필요하다. 노후를 위한 저축은 젊어서 시작해야 한다. 고정적인 수입이 있을 때, 모두 생활비나 아이들 교육에 써버리면 내가 늙으면 누가 나를 보살필 건가 생각하면서 대처하지 않은 사람은 미래가 없을 수밖에 없다.

과거 같으면 아이들이 자라 부모를 봉양했지만 지금 아이들은 자기 앞가림도 못 하고 도리어 부모에 의지하고 있다.

미래 디자인은 아직 시작도 되지 않았다. 남보다 한발 앞선 미래 디자인이 필요하다. 초급 역발상은 남과 반대로 하는 것이고, 중급 역발상은 남보다 먼저 실천하고 먼저 빠지는 것이고, 고급 역발상은 남들이 생각하지 못한 미래를 보고 준비하는 것이다.

역발상 미래 디자인에 관심을 두고 다른 사람보다 먼저 준비하고 실천하면 결과적으로 세상을 보통사람과 반대로 사는 방법이 된다.

좋았던 과거는 기억하되 고달팠던 과거는 지워야 아름다운 미래가 보일 것이다.

2015년 06월 11일

그대가 얻고 싶은 것을 가졌거든 그것을 얻기에 바친 노력만큼 그대도 노력하라.
이 세상 모든 물건은 대가 없이 얻을 수 없는 일이다.
남이 노력해서 얻은 것을 그대는 어찌 팔짱을 끼고 바라보고 있는가?

- 힐티

3 급성 전염병 거점 병원 필요

메르스(중동 호흡기 증후군) 공포가 온 나라를 뒤덮으며 국민의 원성이 일고 있다. 1차 감염자가 1명이 퍼뜨린 2차 감염자가 30여 명에 달할 때까지 정부는 쉬쉬하고 있었다.

3차 감염자도 3명이 발생하면서 총 감염자 41명(칼럼 쓰는 날 현재)이 어느 병원에 있는지 몰라 모든 병원 이용자들이 불안해하고 아예 병원을 가지 않는 현상까지 나타나고 있다.

대중이 모이는 곳을 꺼리면서 공연장, 극장, 백화점, 운동장, 재래시장까지도 파리를 날리고 있다. 경기 침체가 지속하는 원인을 세월호 타령으로 넘겼지만, 이제는 메르스 타령으로 덮으려는 정부를 곱지 않게 보고 있다. 메르스 초기 대처에 실패하고 전국 20여 개 병원에 수용된 병원을 공개하지 않고 있지만, 국민은 이미 여러 비공식 통로를 통해 알고 있다. 유치원, 초, 중학교 휴교 수가 1,000개교를 넘어섰다.

정부는 늦었지만, 지금이라도 정직하게 공개하고 거점병원을 지정하여 분산된 감염자를 집중치료 할 수 있는 긴급조치를 해야 한다.

밀접 접촉자 수도 1,500명 이상으로 퍼지고 3차 감염자가 계속 발생하고 있으니 앞으로 2,000명 돌파도 가능할 것이다.

격리대상 일부는 관리가 되지 않아 골프도 치고 해외로 나가 당사국 국민으로부터도 비난이 일고 있어 그간 의료선진국임을 자랑하던 정부의 처지가 말이 아니다.

중동을 비롯한 여러 나라에서 선진 의료시술을 받기 위해 한국을 찾던 환자들도 모두 다른 의료선진국으로 발길을 돌릴 것이고 2,000만 명에 근접했던 관광객 수도 급격히 감소하는 등 우리 경제의 버팀목조차 무너진 상태이다.

거점병원 지정이 급하다.

거점병원 지정은 물론 진단시약, 치료약, 예방백신을 집중적으로 개발할 수 있는 특수 제약회사를 설립하여 세계 각국에서 발생하는 전염성 환자 치료제를 집중개발 해야 한다. 메르스 사건은 대한민국의 위상이 크게 향상되고 의료수출국으로 우뚝 설 수 있는 절호의 기회였는데 초기대응 실패로 거꾸로 위상을 추락시키는 결과가 되었다.

[소 잃고 외양간 고친다]는 말이 있다. 이미 엎질러진 물은 다시 쓸어 담을 수 없다. 지난 실수 따지기보다 앞으로의 신속한 대책을 주문할 때다.

지역마다 거점병원을 지정하여 향후 발생하는 전염성 질환을 치료하는 제도와 전문인력 양성 계획을 세워야 한다. 현재와 같은 비밀주의 치료시스템으로는 통제할 수 없으며 국민의 불신만 증폭되어 정부를 믿고 따르지 않을 것이다. 하루라도 빨리 발병 치료 중인 병원, 가택격리상황 등을 공개하고 치료약, 예방가능약 또는 행동요령 등의 치료와 홍보활동을 강화하는 정부의 결단이 필요하다.

2015년 06월 05일

다리를 움직이지 않고는 좁은 도랑도 건널 수 없다. 소원과 목적은 있으되 노력이 따르지 않으면, 아무리 환경이 좋아도 소용이 없다. 비록 재주가 뛰어나지 못하더라도 꾸준히 노력하는 사람은 반드시 성공을 거두게 된다.

― 알랭

4 귀촌 준비 미리미리

농촌 하면 못사는 곳, 의료, 문화시설 부재 등 사람 살 곳 못 되는 곳으로 알려졌다. 산업화 초기까지 사실이었다. 비포장도로에 꼬불꼬불, 도로 폭도 좁아 오가는 차량이 수십 미터 떨어진 곳부터 대피했다가 교대로 피해 다녔다. 차 한 대가 지나가면 뿌연 먼지가 주변 전체를 오염시켰다.

그러던 농촌이 살기 좋은 전원마을이 되었다. 도로는 모두 포장되고 왕복차선은 기본이고 신설되는 도로는 4차선으로 곧게 뻥뻥 뚫렸다. 산은 어떤가! 벌거숭이 민둥산이 잡목으로 뒤덮여 사람이 드나들기 불편할 만큼 나무들이 자랐다.

식목의 효과라고 평가하는 사람들도 있지만 자연발생한 수목이 대부분이다. 화석연료, 전기연료 등 연료혁명이 일어나면서 땔감을 구하기 위해 산에서 벌채할 필요가 없어졌기 때문이다.

의료시설, 문화시설이 부족하다는 말도 있다. 그러나 2개 마을단위로 보건소가 들어서고 중소도시엔 첨단시설을 갖춘 병원도 있다. 동네마다 있던 학교와 분교는 폐교되었지만, 면 단위마다 현대시설을 잘 갖춘 학교가 있고 두메산골까지 통학 버스가 있어 어린아이들은 특급대우를 받으며 공부할 수 있게 되었다.

무작정 농촌, 어촌, 산촌을 등지고 도시로 떠났던 시골 출신 사람들은 이제 노인이 되었다.

노동력을 상실하고 일 할 곳 없어 이렇다 할 수입도 없이 오염된 공기 마시며 소음 가득한 도시에 사는 것은 별 의미가 없을 뿐 아니라 건강에도 좋지 않은 환경이 되고 말았다.

이들이 더 늙기 전에 농촌으로 돌아가야 한다. 말없이 농촌을 지킨 농어민들은 고향으로 돌아오는 사람을 따뜻하게 받아들이는 자세가 필요하다. 아직은 받아들일 자세가 덜되었지만 떠나간 옛 친구들을 따뜻하게 받아들일 마음의 준비를 하여야 한다.

살기 힘든 도시생활 빨리 접고 농어촌으로 돌아갈 준비를 해야 한다. 5년 정도는 농사일에 적응할 수 있도록 자주 농촌을 찾아가 체험을 하고 귀농준비를 해야 한다. 각종 TV 매체를 통해 병원에서 포기한 말기 암 환자들의 투병 생활을 통해 건강회복 이야기가 알려지면서 전원생활에 대한 동경심이 고조되고 있다.

나이 든 어른들이 농촌에 자리 잡으면 2세, 3세들도 자주 찾게 되어 자연스럽게 농촌의 맑은 공기, 오염되지 않은 먹거리에 대해 알고 적응하게 되어 결국엔 젊은이들까지 농촌으로 돌아오게 될 것이다.

2015년 05월 29일

대개 행복하게 지내는 사람은 노력가이다. 게으름뱅이가 행복하게 사는 것을 보았는가! 노력의 결과로서 오는 어떤 성과의 기쁨 없이는 누구도 참된 행복을 누릴 수 없기 때문이다. 수확의 기쁨은 그 흘린 땀에 정비례하는 것이다.

- 블레이크

5 개혁보다 개선이 효과적

언론을 통해 매일 듣는 말이 개혁과 혁신이다. 개혁과 혁신을 말하지 못하면 지도자가 될 수 없을 정도다. 그러나 누구 하나 개혁과 혁신을 실천하는 사람은 없다. 말로만 떠들어대다 끝나는 것이 우리나라의 개혁이다.

국민도 하도 많이 들었기에 그냥 한 귀로 듣고 한 귀로 흘려보내는 흔해빠진 구호가 돼버렸다. 차라리 개혁이란 말 걷어치워 버리고 '개선'을 택할 때다.

일본의 최고 기업이며 세계적 자동차기업 도요타는 100년 이상을 실질적 개선을 한 회사로 유명하다. 부품납품회사의 실수로 대량리콜사태를 맞았지만, 도요타의 질주는 계속되고 있다. 이런 도요타의 힘은 '개선'에서 출발하여 개선으로 마감한다. 도요타에서 추구하는 '개선'은 도요타 경쟁력의 80%를 담당할 만큼 가공할 위력을 지니고 있다. 매년 직원 1인당 10건 이상의 개선을 제출하도록 하고 있다. 7만 명에 달하는 전 직원의 개선안은 70만 건에 이르며 제안된 아이디어가 실제 적용되면 우리 돈 5,000원에서 200만 원의 포상금을 지급한다.

상금은 대부분 건당 5,000원 정도지만 모든 직원이 개선에 동참하여 세계적인 기업을 일궈냈다.

우리도 늦었지만 모든 회사 모든 공공기관에서 개혁, 혁신이란 헛구호 다 버리고 '개선'을 선택해야 한다. 조금 불편하고 불합리한 것을 법 개정이나 조례 개정 없이 즉시 처리할 수 있어 짧은 시간에 큰돈을 들이지 않고 가능하다. 개선대상이 된 부서나 담당자들에게 큰 불이익도 없다. 기업이나 자영업체에서는 사장의 지시만으로 개선할 수 있으므로 의지만 있으면 가능하다.

그에 비해 개혁은 말 그대로 뒤집어 없애고 새롭게 하는 것이기 때문에 법을 바꾸는데 만 몇 년씩 걸리고 대상이 되는 부서나 담당자는 큰 피해를 입거나 아주 없어질 수도 있으므로 실천으로 이어지지 못한다. 국정의 최고지도자부터 말단 사원까지 부담 없이 동참할 수 있는 '개선'을 시작하면 좋겠다. 침체를 거듭하던 일본은 아베 총리 취임 후 총리가 승인만 하면 법 개정 없이 규제를 풀 수 있게 하여 우리나라는 기고 있을 때 일본은 잘 달려가고 있다.

필자가 경영하는 회사에서는 10여 년 전부터 개선운동을 벌이고 있었지만, 초기 실적은 좋지 않았다. 권장사항만으론 개선에 동참하지 않는다는 결론을 얻은 후 경영자가 강력한 제재를 겸한 당근도 주었다. 그 후부터 개선에 동참하기 시작하였다. 현대자동차가 우리나라 최초의 국산 자동차 포니를 생산하려 할 때 전 사원이 반대했다. "당신들은 반대만 하지 말고 구경이나 해!" 하면서 자동차 생산을 강행하여 오늘날 세계 5위의 자동차 회사를 만들었다. 새로운 제도는 항상 당근과 제재가 따를 수밖에 없다. 강력한 개선운동이 전개되어야 한다.

2015년 05월 21일

떨어지는 물방울이 돌에 구멍을 낸다. 승리의 여신은 노력을 사랑한다. 노력 없는 인생은 수치 그 자체다. 어제의 불가능이 오늘의 가능성이 되며, 전 세기의 공상이 오늘의 현실로써 우리들의 눈앞에 출현하고 있다. 실로 무서운 것은 인간의 노력이다. 명예는 정직한 노력에 있음을 명심하자.

— M. 마르코니

6 잡초와의 전쟁

어느덧 봄이 저만치 가고 초여름이 다가왔다. 겨우내 집에서 나오지 않던 농부들도 모두 밭에 나와 잡초와의 전쟁을 벌이고 있다.

잡초는 며칠만 지나도 온 밭을 뒤덮어 버리는 무서운 번식력을 갖고 있다. 그에 비해 사람들의 주식과 부식으로 사용되는 작물과 채소는 자라는 속도도 느리고 자생력이 약해서 주인의 보살핌이 없으면 잡초에 치여 고사(枯死)하고 만다.

농부들은 이곳저곳 온몸이 쑤시고 아프다면서도 온종일 밭에 나가 살아야 한다. 잡초와 같이 강한 작물이 있다면 편히 농사지어 먹고 살 수 있을 텐데! 아직은 그런 작물은 보급되지 않고 있다. 다만 초기에 한두 번 김을 매주면 금세 온 밭을 덮어 잡초들이 기를 쓰지 못하는 작물이 아주 없는 것은 아니다. 콩, 들깨, 고구마, 호박 등 성장이 빠르고 잎이 넓은 식물들은 잡초에 비교적 강해서 전문농사꾼이 아닌 아마추어들도 재배가 가능한 작물이다.

전문농사꾼이 아닌 필자도 주말마다 농촌에 내려가서 비교적 잡초에 강한 작물을 주로 재배하고 있다. 농사를 짓다 보면 잡초에 강한 일부 품목만을 기를 수는 없다. 도라지, 더덕, 생강, 상추, 파, 마늘, 토마토, 오이, 가지, 고추 등 식생활에 필수적인 작물과 건강 관련 식물을 같이 재배할 수밖에 없다. 그러니 매주 내려가 잡초와 전쟁을 해야 한다. 전문농사꾼들은 더 많은 수확을 해서 생계를 유지해야 하므로 인체에 해로운 줄 알면서도 농약통을 지고 산다. 일일이 손으로 제거하는 것보다 몇십 배, 몇천 배나 효과가 큰 농약을 주로 사용하게 된다.

이들이 재배한 농약 범벅인 식자재는 주로 도시인들이 먹고 살아간다. 그 결과 병원은 항상 초만원이고 매일매일 알약, 물약을 주식처럼 먹으며 살아가고 있다. 모든 국민의 건강을 해치는 농약을 줄여서 100살까지 건강하게 살 수 있는 방법을 찾아야 한다.

바로 잡초와 병충해에 강한 씨앗을 개발하고 개량하는 사업을 활성화해야 한다. 농촌진흥청과 종묘원에서 열심히 노력하고 있지만, 더 빨리 더 좋고 더 강한 종자개량을 위해 정부지원을 확대해야 한다. 국내 종묘, 육종 사업이 부진하여 로열티를 주면서 수입에 의존하고 있다. 건강에 좋은 작물, 농부들의 피땀을 줄여주는 작물, 전문가가 아니라도 자급자족할 수 있는 씨앗을 쉽게 살 수 있도록 종묘개량 사업을 적극적으로 펼쳐야 할 것이다.

2015년 05월 15일

대개 행복하게 지내는 사람은 노력가이다. 게으름뱅이가 행복하게 사는 것을 보았는가!
노력의 결과로써 오는 어떤 성과의 기쁨 없이는 누구도 참된 행복을 누릴 수 없기
때문이다. 수확의 기쁨은 그 흘린 땀에 정비례하는 것이다.

- 블레이크

7 미세먼지 공포에서 해방되기

　공원이나 산책로를 가보면 마스크를 쓰거나 아예 눈만 뚫은 가면을 쓰고 다니는 사람이 부쩍 늘었다. 중국에서 날아오는 황사에 대한 보도가 잦아지면서 황사에 대한 공포심 때문일 것이다.

　이웃에 거대한 시장 중국이 있어 물가안정에 기여하고 수출증대 효과가 커 나라 경제가 좋아지는 등 좋은 점도 많지만, 중국에서 날아오는 황사(중금속 먼지)는 우리들의 목숨을 위협하는 대단히 무서운 존재이다.

　이 황사를 일반인들은 단순한 모래먼지쯤으로 생각하지만, 내용물을 들여다보면 사막에서 날아오는 모래먼지와 대기 중에 떠 있는 눈에 보이지 않는 각종 중금속 미세먼지들로 구성되어 있다.

　미세먼지는 일반먼지와 달리 눈에 보이지 않기 때문에 위험하다는 것을 느끼지 못하며 살아간다. 그러나 그 미세먼지가 폐에 쌓여 폐 기능이 약화되면 면역력이 약해지고 폐암을 비롯한 폐렴, 편도선염, 비염, 천식, 기관지염, 아토피 등 각종 호흡기질환과 피부질환의 원인이 된다. 그 진행이 서서히 이루어지기 때문에 미세먼지가 주범이라는 사실조차도 모르고 살다가 돌연사하는 경우도 있다고 한다. 폐를 건강하게 관리하려면 눈에 보이는 먼지는 물론 눈에 보이지 않는 미세먼지를 마시지 않아야 한다.

참고로 미세먼지의 크기는 $\frac{1}{1000}$mm에 해당하는 $1\mu m$(마이크로미터)이며 초미세 먼지는 $25\mu m$이다. 방송에서 미세먼지농도 예보가 자주 나오는데 미세먼지농도 보통은 30~80μg/㎥(마이크로그램)이며 나쁨은 81~150μg/㎥이고, 아주 나쁨은 151μg/㎥이다.

보통이든 나쁨이든 아주 나쁨이라도 눈에 보이지 않고, 냄새도 없고 숨 막히지도 않아 별 관심 없이 살아가고 있다.

미세먼지 함유량이 많은 곳을 보면 황사 외에도 화력발전소 주변 보일러 주변 자동차가 많이 통행하는 대도시 시내 및 실내놀이터, 밀폐된 공장 등이다. 그러므로 차량이 많은 도심을 피하여 자주 교외에 나가 맑은 공기를 많이 마셔야 한다. 아직 담배를 피우고 있다면 즉시 끊어야 본인은 물론 가족의 건강을 지킬 수 있다.

병원에서도 포기한 암 환자들이 깊은 산 속에 들어가 생활하여 암을 고쳤다는 이야기를 자주 듣는데 맑은 공기가 폐를

건강하게 하여 암을 비롯한 우리 몸의 각종 질환을 치료해준
다는 한 증거일 것이다.

　노후에 산간농촌으로 돌아가 농사짓고 약초, 과수 등 재배
하며 생활한다면 도시에서 살면서 폐에 쌓인 미세먼지를 떨어
내는 부수적 효과까지 나타나 무병장수하는 길이 될 것이다.

2015년 05월 08일

목적 이루기 위해서 오랜 인내를 하기보다는 눈부신 노력을 하는 편이 쉽다. 성공하는
데는 두 가지 길밖에 없다. 하나는 자신의 근면, 하나는 타인의 어리석음.

－ 라 브뤼에르

8 준비 안 된 노후대책

　유럽, 미국 등 서양 선진국 노인들은 여행을 즐기며 말년을 보낸다. 그런 여유 있는 여행객을 부러운 눈으로 바라만 볼 순 없다. 그들에겐 젊어서부터 노후대책 시스템이 잘 갖추어져 있었고 지금도 잘 작동되고 있다.

　우리나라는 해방 후 혼란기를 겪으면서 6·25전쟁까지 겹쳐 노후대책은 생각하지도 못했다. 다행히 30년 안에 급성장하면서 삶의 질도 좋아졌고, 수명도 크게 늘어 85세는 보통으로 생각하는 부자나라 장수 국가가 되었다. 그런데 제도는 65세부터 노인이라 하고, 58세 정년이라 하며 한창 일할 나이의 사람들까지도 백수로 만드는 나라가 대한민국이다.

　그들의 노후는 편안하지도 건강하지도 못할 수밖에 없다. 당장 먹고 살 걱정이 앞선다. 노인들에게 일자리를 주어야 한다. 연금 사각지대에 놓인 노인들에게 용돈이라도 벌면서 살아가도록 하는 것이 급선무이다.

　기업에서는 일손이 부족해도 노인을 채용하지 않는다. 고용보험, 산재보험, 국민연금, 퇴직연금, 의료보험 등 각종 보험과 휴가, 주휴수당, 연장수당 등 임금 외 지출이 배보다 배꼽이 더 커지는 기현상을 만들어주고 있다. 그들을 채용할 엄두가 나지 않는다. 현재의 노동법은 노인고용을 원천 봉쇄하는 법이다. 정부는 복잡한 임금체계를 단순화하고 각종 규제를 철폐하여 노인도 쉽게 일자리를 얻을 수 있도록 해야 한다.

우선 먹고 일할 수 있는 자리라도 많이 만들고 욕심낸다면 용돈이라도 벌면서 건강을 위해 일하도록 하면 좋고 더 욕심낸다면 적정임금 받고 각종 혜택도 받으며 일할 수 있는 일자리를 만들어 주었으면 좋겠다.

일하지 않고 앉아 있으면 눕고 싶고, 누워있으면 허리 아프고 스트레스만 쌓이고 건강이 나빠져 병원 신세 지면서 죽는 날을 기다리거나 지옥 같은 요양원에서 여생을 보내야 한다. 젊은이들 일자리도 없는데 무슨 뚱딴지같은 말을 하느냐고 하는 사람도 있을 것이다.

젊은이 일자리는 고급 일자리라서 정부도 어쩔 수 없다. 인도, 동남아 등 아직 땅 넓고 기술 낙후한 저개발국으로 이민 보내거나 대기업 하청업체에 장기 고용시켜 쉽게 자립하는 길을 열어주는 것이 현명한 정책일 것이다. 노인들도 스스로 노인이란 생각 버리고 적극적으로 일자리 찾아 100세 시대의 파고를 넘을 수 있도록 노력해야 한다.

2015년 05월 01일

9 공평한 사회가 행복한 사회

스트레스는 만병의 근원이다.

요즘 세상 돌아가는 것을 보면 스트레스 안 받을 사람이 없다. 정치인들의 싸움은 수백 년이 흘러가도 변함없이 지속하고 있다. 서로 조금씩 양보하면 될 것을 상대방을 모함, 비방하여 조금이라도 더 얻으려는 이기주의 때문에 싸움은 멈추지 않는다.

사회가 불공평할 때는 성인군자도 스트레스를 받게 된다. 최근 보도에 의하면 세금 한 푼 안 내는 근로자가 760만 명에 달한다고 한다.

근로하지 않는 사람까지 합한다면 1,000만 명이 넘을 것이다.

소득이 많은 사람은 세금 더 내고 소득이 낮으면 낮은 데로 일정 세율이 정하는 대로 세금을 내고 세금 낸 만큼 복지혜택을 주어야 한다.

그런데 세금 내는 사람에게는 복지혜택이 없고 재산 없고 수입 없고 세금 실적 없는 사람에게만 각종 혜택이 돌아가니 불평등한 사회의 대표적 사례라 아니할 수 없다.

세금을 많이 내는 사람은 주로 기업을 하는 사람들이다. 그들에게는 한 푼의 복지혜택도 없다. 그러면서 그들이 조금이라도 잘못하면 가장 부도덕한 인간으로 몰아붙이곤 한다. 정당하지 않은 방법으로 치부했다면 당연히 지탄받아야 하지만 정당한 방법으로 열심히 노력하여 많은 수익을 올리고 세금을 많이 냈다면 그들은 존경의 대상이 되어야 함에도 사회는 그렇게 대우해주지 않는다.

수입이 적은 사람은 적은 대로 일정 비율의 세금을 내도록 해야 한다. 필자가 늘 주장하는 노점상에게도 세금과 위생검사 등 모든 원칙을 적용할 때 공평한 사회는 시작될 것이다. 잘못된 일에는 그에 상응하는 벌을 주는 것도 공평한 사회가 되는 것이다. 권력을 동원하고 금력을 동원하고, 학연, 지연, 혈연을 동원하여 일감을 따내고, 죄지은 자가 벌 받지 않고 호의호식하는 사람이 많을수록 그 사회는 불공평한 사회가 되고 스트레스를 받으며 살아야 한다. 국회의원 고위공직자 자녀의 군 면제가 많은 현상도 불평등 사회의 한 단면이며 놀고먹는 사람이 많은 사회도 불평등 사회다.

스트레스 받지 않는 가장 기본적인 조건이 공평성이다. 행정, 법 집행, 과세, 교육 등 모든 분야에서 공평성이 보장되도록 해야 한다.

그런 사회가 이상적인 사회이고 행복지수가 높아져 살맛나는 사회가 되는 길일 것이다. 2015년 유엔이 발표한 한국인의 행복지수는 10점 만점에 5.98로 세계 47위로 경제력에 걸맞지 않은 지수임이 틀림없다.

2015년 04월 24일

만약 노력 없이 얻어진 것이 있다면
이것이 악마가 주는 일시적인 행운이 아닌지 돌아보십시오.
노력 없이 얻어진 것 뒤에는 반드시 화가 따릅니다.
왜냐하면 공의로우신 하나님의 법칙은 스스로 돕는 자를 돕는 것이며,
끊임없이 두드리는 이에게 열리기 때문입니다.

– 김인경

10 청백리제도 필요

개천에서 용 난다는 말이 있다.

어려운 환경 속에서도 열심히 노력하면 성공한다는 비유지만 그 말 속에는 지나친 욕심이 들어있다. 모든 사람은 꿈을 갖고 살아간다. 아주 어린 시기에 장군, 대장, 대통령 등 아무나 오를 수 없는 최고의 자리를 꿈꾸고 있다가 조금 지나면 교사, 소방관, 연예인이 되겠다는 아이들이 많다.

나이 먹으면서 허황된 꿈은 사라지고 점점 현실에 가까워진다. 개천에서 용 난다는 말도 현실적으로 바꿨으면 좋겠다. 물길이 끊긴 개천에 물이 흐르고 흐르는 물에 송사리, 붕어들이 노니는 그런 작고 현실적인 꿈을 꾸도록 어린이들을 이끌고 지도하는 사회가 되었으면 좋겠다.

세월호의 악몽이 채 가시지도 않았는데 초대형 정치 태풍이 불어 닥쳤다. 불안한 정국을 보는 국민, 일손이 잡히지 않을 정도로 큰 충격을 받았을 것이다. 망둥이들이 갑자기 이무기가 되고 이무기가 용이 될 것처럼 출세만을 위해 날뛰는 사람들 때문에 일어나는 일들이다.

국가와 국민을 위해 봉사할 수 있는 사람을 적재적소에 배치하는 일을 시작해야 한다. 대통령은 정치개혁의 본질을 비리척결 수준에 두지 말고 올바른 인재가 정치 일선에 나서도록 제도를 확 뜯어고쳐야 한다.

재물 욕심, 권력 욕심내지 않는 진정한 지도자를 뽑으려면 먼저 지도자의 급료를 대폭 낮추어 돈 욕심부터 버리도록 하는 것이 좋겠다.

정당한 방법으로 재산을 모았는지 보수(세비, 급료, 기타)가 적어도 그 일을 할 수 있는지 따져보고 스스로 보수 받지 않거나 사회에 환원하는 자 중에서 뽑는 제도적 장치가 필요하다. 조선 시대에 있었던 청백리제도를 도입하는 것이 좋겠다. 청백리가 되면 족보에 올리고 가문의 영광으로 자손 대대로 자랑하던 제도다.

뚱딴지같은 발상이기는 하지만 전혀 불가능한 발상은 아니라고 생각한다. 가진 자와 못 가진 자의 격차가 심할수록 사회는 불안하다.

못 가진 자(저소득근로자)를 우대하고 고소득자의 소득원을 대폭 줄이는 혁명적 발상이 필요하며 선진국의 기부문화를 확산시키기 위해 기부자 실명제를 도입하는 등 빈부 격차를 해소하면서 공직자들이 부 보다는 명예를 위해 일하는 사회를 만들어야 한다.

2015년 04월 16일

11 관리도 기술이다

국내 굴지의 건설회사 회장이 자살이라는 극단적 선택으로 생을 마감하는 것을 보고 충격을 받은 사람이 많을 것이다. 그는 집안의 가난 보다는 가장의 가정관리 외면으로 학업을 중단하고 무작정 상경하여 온갖 궂은일, 힘든 일을 하며 어린 시절을 보내고 화물차 기사로 일하며 모은 돈으로 기업을 일으킨 입지전적인 인물로 잘 알려진 사람이며, 배우지 못한 한을 풀기 위해 수백억 원의 사재를 출연하여 장학사업을 한 독지가이기도 하다.

그런 그가 자살이라는 극단적인 선택을 한 구체적인 이유는 잘 모르지만, 대기업을 경영하면서 은행대출이나 국고보조금 지원 등 자금관리 업무에 집중하느라 실무는 전적으로 관리자들과 전문가집단에 의존하여 결국 내부 부실로 인한 파산과 파산을 막으려다 벌어진 비리연루 의혹으로 조사받다가 울분을 참지 못하여 발생한 비극으로 생각된다.

일반적으로 은행대출 많이 받고 정부지원 많이 받아 외형

(매출) 키우면 우수경영인으로 평가하는 경향이 있다. 그래서 기업인들은 기업의 내실보다는 외형에 치중하고 관리보다는 로비에 치중하게 된다. 관련된 많은 사람을 만나는 과정에서 자연스럽게 향응을 베풀고 때로는 사례를 해야 하므로 회사 관리에 들어갈 자금이 활동비로 쓰여 부실화될 수 있다.

기구가 확장되고 영업범위가 넓어지면 내부 일을 직원에게 맡기는 것은 어쩔 수 없는 일이다. 임직원을 믿어야 하지만 때로는 일부 임직원이 사리사욕에 빠질 수 있다.

운영 실태를 정확히 파악하기 위해선 확인이 필요하다. 수입, 지출, 공기, 안전관리, 자금흐름을 항상 파악하고 대처해야 한다. 필자는 35년 이상을 확인 95% 정신으로 임하고 있다. 모든 일을 직원에게 맡기되 진행 상황만은 직접 확인하고 대처해야 한다.

기술이라 함은 어떤 원리나 지식을 적용하여 생활에 유용하도록 만드는 구체적이고 실제적인 수단을 말한다. 기술을 실현하기 위해서는 각종 장치와 기기를 잘 다룰 줄 아는 기능인이 필요하다.

일반적으로 현장에서 제작하고 운용하는 기능인을 기술자라 하지만 제작원리를 알려주고 과정을 체크하고 평가하고 수정하는 업무가 진짜 기술이다.

최고경영자는 기능인이 아니고 기술인이다. 기술인에게 가장 중요한 것은 관리다. 관리기술이 부족하면 실패확률이 높아진다. 경영자들에게는 많은 지식이나 기능보다는 빨리 확인하고 정확히 평가하고 궤도를 수정하는 기술이 필요한 것이다.

국가와 기업을 경영하는 최고경영자는 늘 95% 확인 정신으로 임해야 하고 적기에 결단을 하는 결단력이 필요하다.

2015년 04월 10일

비록 산의 정상에 이르지 못했다 하더라도 그 도전은 얼마나 대견한 일인가. 중도에서 넘어진다 해도 성실히 노력하는 사람들을 존경하자. 자신에게 내재한 힘을 최대한 끊임없이 도전하는 사람. 큰 목표를 설정해 놓고 부단히 노력하는 사람은 인생의 진정한 승리자다.

- L.A. 세네카

12 노인 연령 기준 70세로

나이 60세가 되면 온 동네 사람 초청하여 환갑잔치를 벌이던 시절이 있었다. 의료기술이 낙후하고 경제사정이 좋지 않았을 때. 60세까지 살고 죽는 사람이 드문 시대의 이야기이다.

경제성장으로 삶의 질이 높아지고 의료기술의 발달 및 첨단장비를 갖춘 의료기관이 늘어나면서 평균수명이 80을 넘어섰다. 모든 보험회사는 백세보험을 내놓고 선전에 열 올리고 있다. 도시는 물론 농촌을 가보아도 60세 먹은 사람을 노인이라고 하는 사람은 없다. 노인정에 명함을 내밀려면 70은 되어야 가능하다.

보건복지부 실태조사에 의하면 60세 이상이면 무료 조기치매 검진이 시행되고, 61세부터 노령연금 수령개시, 65세부터 전철요금 무료, 사찰 등 문화시설 이용 시 무료입장이 시행되고 있는 등 노인의 기준이 각각 다르다.

그런데 정작 본인들은 60세부터 65세를 노인이라 생각하지 않는다. 공짜라니까 노인행세는 하지만 진짜 노인은 아니라고 중얼거리며 다닌다.

이제부터라도 노인정책 연령을 실제 국민인식에 맞게 조정할 필요가 있다.

보건복지부 조사에 의하면 노인 연령기준을 70세 이상으로 해야 한다고 조사대상자의 78.3%가 답했다. 2004년 조사에서는 55.5%였던 것이 10년 후에 23%나 올라갔다. 노인 연령기준을 70세 이상으로 조정한다면 기초연금 연간예산 10조 원이 절감되고 노인요양보험 3조 원이 절약된다는 통계도 있다.

옛날엔 나이 많이 먹은 것이 자랑이었지만 지금은 나이를 줄여 말하고 싶고 나이공개를 꺼리는 세상이 되었다. 70세 이상의 노인들도 실제 나이는 많이 먹었어도 스스로는 아직 60대로 생각하고 일할 능력도 있는데 써주지 않는다고 불만을 터뜨리는 사람이 많은데 왜 국가나 자치단체가 앞장서서 노인 연령을 낮추고 각종 혜택을 주려 하는지 이해가 되지 않는다.

늦었지만 국가가 먼저 나서서 노인의 표준을 상향(70세로) 조정하고 정년도 70세로 연장해주면 노인들도 신바람이 나고 근로의욕이 살아나 새로운 사업을 시작하거나 농사일을 해보려는 노인도 많이 늘어날 것이다.

국가는 없는 예산 짜느라 고심하지 않아도 되고, 할 일 없이 세월 보내야 하던 노인들은 새로운 일거리를 찾는 계기가 될 것이다.

2015년 04월 03일

13 고통받는 시민을 위한 지원기구 필요

군 고위층이 연루된 방산비리 수사가 계속되면서 애국심 하나로 국토방위에 앞장서야 할 4성 장군을 비롯한 고위 장성들이 줄줄이 구속되는 것을 국민이 보고 있다. 또 다른 비리의 온상인 해외자원개발도 지난 정권의 홍보와는 달리 혈세를 빼돌려 치부한 고위공직자와 기업인이 수사를 받는 것도 보고 있다. 그런 가운데 발표된 고위공직자 재산공개 내용을 보는 국민의 마음 또한 부정적일 수밖에 없다.

필자는 서민들이 상상하기 힘들 만큼 많은 재산을 축적한 그들을 죄인 취급하는 것은 부당하다고 생각한다. 대부분은 재테크에 남다른 재주가 있거나 부모 덕을 본 분들이라 생각하고 싶을 뿐이다.

그런데도 그들을 보는 눈이 곱지만은 않은 것이 현실이다.

유수 대학을 졸업하고도 일자리가 없어 놀고 있는 고학력 졸업자들의 마음은 어떨까? 샛별 보며 출근하여 밤늦게 퇴근하는 근로자의 마음은 어떨까? 일하고 싶은데 일할 수 없어 놀고 있는 백수 고령자들의 마음은 어떨까? 그들이 가슴에 손을 얹고 생각해봐야 할 때다. 그리고 열심히 번 돈을 외롭게 쓸 방법은 없는가 생각해봐야 할 때가 되지 않았을까!

모든 국민이 같은 수준으로 살 수 있는 나라는 없다. 빈부의 격차는 어느 나라나 어느 곳에서나 있게 마련이다.

조선 시대에도 춘궁기를 넘기지 못하고 굶어 죽는 사람이 많았다. 나라에서는 진휼청을 두어 굶주리고 굶어 죽는 백성이 없도록 화폐(엽전) 발행권까지 주어가며 369년이나 강력히 실천하였지만, 가난을 해결하지 못했다. 수십 명씩 노비를 거느리며 살던 양반 특권층이 있었기 때문이었다. 그런 와중에도 양반들의 토지를 경작하며 모은 재산을 흉년이 들었을 때 전 재산을 국가에 바친 노비들에게 평민 신분으로 상승시켜 주는 특혜를 베풀면서까지 굶주리는 백성을 구제하려 했다.

이제부터 부자들이 나서야 한다. 큰돈 굴리는 부자공직자들이 출연하고 정부가 운용하는 특별기구가 필요하다

열심히 일해도 살기 힘든 서민들과 처음부터 일할 능력이 없는 장애인들과 일시적으로 취업이 안 돼서 고통받는 이들을 위한 기금을 내놓을 차례다. 정부는 조선 시대의 진휼청과 비슷한 빈민구제기구를 만들어 고통받는 서민지원 전담기구를 만들어야 한다.

2015년 03월 27일

14 일본에 당한 굴욕 일본에 돌려줄 차례

2015 직원연수도 일본으로 했다.

일본연수 7차는 교토였다.(직원연수 5회, 기업인연수 2회) 엔화 약세로 동남아 관광객이 홍수를 이루는 바람에 항공편, 숙박시설이 동이나 일정조정에만 2개월이 걸려 결국 간신히 숙소를 확보할 수 있었다.

우리가 보고자 했던 백제유적은 모두 볼 수 있어 자부심이 생기기도 했다. 그러나 중국, 태국 등 동남아 여행객들은 그곳이 백제 유적지가 아닌 일본의 고대 유적지로 알고 방문하고 있으니 한숨이 절로 난다.

이름이 널리 알려진 관광지(사찰, 신사)는 동남아 관광객으로 가득 차 있을 뿐 일본 관광객은 찾아볼 수 없다. 간간이 우리나라 관광객도 있지만, 전체 관광객에서 차지하는 비율은 미미한 수준이다.

필자가 경영하는 회사는 매년 일본을 찾아 따라잡을 것을 찾는 데 열중한다. 올해에도 몇 건을 찾을 수 있어 다행이었다.

전자제품이나 생활용품을 사기 위해 환전했던 엔화는 절반도 쓰지 않고 되가져왔다. 그만큼 우리나라 제품이 일본과 대등하거나 더 좋았기 때문이다. 다만 아직 우리가 따라잡지 못한 것이 있다면 높은 수준의 질서의식이다.

대도시건 소도시건 농촌이건 어느 곳에서도 잡상인(노점상)을 볼 수 없다는 것이다. 그에 비해 우리나라는 곳곳에 노점이 죽치고 있어 비싼 임대료 내고 합법적으로 영업하는 점포가 큰 피해를 받고 있으며 관광객이나 내국인들 모두에게 통행의 불편을 주는 곳이 많다.

동남아 저개발국에 비한다면 대단히 잘 정비되고 관리되지만, 일본에만은 따라가지 못해서 하는 말이다.

10여 년 전에 보았던 도요토미히데요시 성(오사카 성) 주변의 노숙자시설이 말끔히 치워져 없었다. 물어본 결과 오사카에는 노숙자 촌이 있어 모두 그곳으로 이주했다고 한다. 7,000명이 넘는 노숙자들을 시내 한복판에 건물을 구매해서 한 건물에 수용했다는 것이다.

물론 주민등록을 옮겨야 하고 거주지 이전이 확인된 노숙자에겐 월 16만 원(우리나라 돈 기준)의 생활비를 지급하는 정책이 시행되고 있다는 것이다. 우리나라도 충분히 할 수 있는 좋은 제도이다. 정책당국의 의지와 아이디어만 있다면 당장 해결될 수 있는 노점상, 노숙자 문제에 눈이 번쩍 뜨였을 뿐 어느 것 하나 일본에 뒤진다는 생각을 하지 않았다.

4~5세기경 우리 선조들이 세웠던 왜에 의해 우리는 늘 수난을 당해야 했다. 이제부터라도 국민 모두 낭비를 줄여서 부를 축적하고 정부는 부정부패 실소하고 지자체는 작은 것 하나라도 관행으로 넘기지 말고 제도화해서 임진왜란, 정유재란에 이은 36년간 나라 빼앗기고 당했던 굴욕을 일본에 돌려줄 수 있도록 해야 할 것이다.

2015년 03월 20일

사나운 말도 잘 길들이면 명마가 되고,
품질이 나쁜 쇠붙이도 잘 다루면 훌륭한 그릇이 되듯이 사람도 마찬가지다.
타고난 천성이 좋지 않아도 열심히 노력하면 뛰어난 인물이 될 수 있다.

– 채근담

15 평양성문을 열어야

　지금 대한민국엔 세계평화를 위해 전 세계를 누비고 다니는 대한민국이 낳은 위대한 인물 반기문 총장이 있다.

　미국 LA에서 시작한 반기문 유엔 사무총장을 노벨평화상 후보로 추천하는 발기인 모임이 LA에서 결성된 후 미국 전역은 물론 유럽, 호주, 일본 등으로 확산하고 있다. 곧 노르웨이 노벨평화상 시상위원회에 제출하게 될 것이다.

　그의 고향 충북 음성에서도 반기문공원 조성 등 그를 기리기 위한 활동이 활발히 전개되고 있다. 국내는 물론 해외에서도 반 총장을 존경하는 모임이 속속 결성되고 있지만 반 총장이 남북화해를 위해 노력한 성과는 아직 나타나지 않고 있어 아쉽다.

　온 국민의 염원인 남북통일의 초석을 다지는데 반 총장이 앞장서기를 기대하고 있는 국민이 많을 것이다.

　전 세계열강들의 뒤를 이어 개발도상국들까지 개혁개방을 하고 산업을 일으키는 데 총력을 기울이고 있다. 18세기부터

열강들이 땅따먹기에 열중할 때, 후기 조선의 실세인 대원이 대감이 쇄국정책으로 대문을 걸어 잠가 우리나라만 발전하지 못하고 있다가 일본에 통째로 먹히는 불운을 겪어야 했듯이 북한도 김정은 위원장의 외세 봉쇄정책으로 인민들이 굶주리며 고통받고 있다.

늦었지만 꼭꼭 걸어 잠근 평양성문을 활짝 열 수 있도록 도와야 한다. 그 적임자가 바로 반기문 총장이라 생각한다. 상대가 있어 맘대로 되지 않더라도 반드시 닫힌 문을 열어야 하고 그 역할을 반 총장이 해주길 바라고 있다. 어떤 난관이 있어도 이 일만은 해놓고 퇴임하기를 진심으로 권고하는 것이다.

누군가 국가와 민족의 장래를 위해 남북 최고 책임자가 머리를 맞대고 통 큰 합의를 이끌어내는 계기를 만들어야 한다.

반 총장이 빨리 나서주길 모든 국민이 바라고 있을 것이다. 남과 북이 서로가 간절히 바라는 남북화해의 전도사가 된다면 국내외에서 일어나는 노벨평화상 후보로 추천하는데도 탄력이 붙을 것이며, 우리나라에서 2번째 평화상을 받는 영광을 누리게 될 것이다. 반기문을 존경하는 모든 사람에게 큰 희망이 될 수 있도록 하루빨리 달려가 평양성문을 활짝 열어주기 바란다.

다음 노벨상은 평양성문을 열도록 노력했거나, 스스로 성문을 열었거나 합심하여 같이 연 당사자 중에서 나올 것이다.

2015년 03월 12일

16 웰에이징Well-Aging 시대 대비 급하다

모든 사람에게 하루의 길이는 같다. 그러나 하루를 보내는 방법이 모두 다르듯 하루의 길이가 모든 사람에게 다르게 느껴지는 것은 당연하다. OECD 국가 중 노인 증가율이 1위인 우리나라. 고령화 속도가 제일 빠른 우리나라 노인들에겐 하루하루가 너무 빨리 지나간다고 느낄 수밖에 없다.

생활형편이 좋은 사람, 행복지수가 높은 사람일수록 죽음에 대한 공포지수도 높아진다. 30년간의 압축 성장 덕분에 경제 수준이 높아졌다. 삶의 질도 따라서 높아졌다. 오래 살고 싶은 욕망은 더욱 높아지는데 죽음이 너무 빨리 다가오고 있다. 다가오는 죽음에 대한 공포지수를 낮추기 위한 노력이 한창 진행되고 있다.

안티에이징(노화방지)란 유행어가 등장한 지 얼마 되지 않아 웰에이징(건강하게 살다 사람답게 죽는)이 대세를 이루고 있다.

웰에이징을 위한 구체적 변화는 식생활에서 나타나고 있

다. 인공조미료와 소금을 줄이거나 아예 없애고 천연조미료를 스스로 만들어 사용하는 가정이 급속도로 증가 하고 있다. 건강기능식품도 날개 돋친 듯 팔려나가고 있다. 삶의 여유와 시간 여유를 찾은 중산층을 중심으로 건강증진운동 붐이 일고 있다. 살빼기 운동, 몸매만들기 운동, 주름살 없애기 운동, 면역성강화 운동 등 다양한 건강증진 운동을 하면서 건강에 좋다는 식물을 찾기 위해 산으로 들로 바다로 헤매고 있는 현상이 전국 방방곡곡에서 나타나고 있다.

이와 같은 변화는 지상파 방송보다 종편을 중심으로 한 케이블 방송이 선도하고 있다. 현재 우리나라의 평균수명은 81.3세로 일본을 바짝 따라잡고 있다. 머지않아 평균수명 90세를 넘어설 기세이다. 그렇다면 일본을 제치고 세계 최장수 국가가 되는 날도 멀지 않았다고 생각된다.

노후설계도 없이 백 세 시대가 온다면 큰 재앙이 아닐 수 없다. 정년이 60세가 된다고 하더라도 30년 이상을 일정한 수입 없이 살아야 하는 사람이 늘어날 것이다. 30년을 경제적, 정신적 고통 없이 건강하게 살 수 있는 노후준비가 반드시 필요하다.

연금이나 임대수입 등 고정수입이 없는 사람들에겐 노후자금 비축이나 지속적 수입원을 찾아 나서야 한다. 쉽지 않지만 웰에이징 시대에 뒤떨어지지 않고 동참하려면 어쩔 수 없이 수입원을 찾거나 만들 수밖에 없다.

노후재정확보는 건강운동이나 건강식생활 못지않게 중요
한 우리의 과제이다.

2015년 03월 06일

사람은 모든 길을 갈 수는 없다. 성공은 한 분야에서 얻어야 하며, 우리 직업은 오직
하나의 인생 목표로 삼아야 하며, 다른 모든 것은 이것에 종속되어야 한다. 나는 일을
어중간하게 하는 것을 싫어한다. 그것이 옳으면 대담하게 하여라. 그것이 그르면 하지
말고 버려라. 이상을 가지고 산다는 것은 성공적인 삶이다. 사람을 강하게 만드는 것은
사람이 하는 일이 아니라, 하고자 노력하는 것이다.

— 어니스트 헤밍웨이

17 내 생명 내가 지켜야

새와 짐승들도 자기 생명을 지키기 위해 부단히 노력한다. 먹이를 먹기 전에 먼저 주위를 살피고 먹으면서 수시로 살핀다. 먹이를 다 먹은 후에도 또 주위를 살핀다. 집단을 이루고 있을 때는 반드시 주변을 감시하는 감시조가 있어 위험을 알리며 살아간다.

만물의 영장인 인간도 스스로 지킬 수 없는 경우가 있다. 전쟁과 천재지변엔 아무리 노력해도 속수무책일 때가 있다. 그래서 국가를 형성하고 집결된 힘에 의지하며 살아간다.

주어인 생명을 다하지 못하고 중도에 죽어가는 사례를 보면 위에 제시한 전쟁과 천재지변을 제외한 감정싸움, 치정관계, 재산 다툼 등 다양한 충격을 슬기롭게 해결하지 못하여 발생하는 경우가 많다.

가장 중요한 건 감정을 자제하는 노력이 필요하다. 재산 문제가 발생하지 않도록 줄 것은 미련 없이 주고 꼭 지켜야 할 재산은 노출되지 않도록 분산하여 관리해야 한다. 부부간의 갈등을 서로 양보와 이해로 해소하도록 노력하고 연인과의 관계도 감정으로 변질하지 않도록 바르고 냉정하게 유지해야 한다. 길을 가면서도 위험요소를 빨리 찾아 비켜가는 노력이 필요하고 주변 시설을 살피면서 다녀야 하는 것이 복잡한 환경에서 생명을 유지하는 필수 조건이 되었다.

질병관리를 게을리하면 중도에 생을 포기해야 한다. 평소 식습관을 바로 갖는 것이 중요하다. 편식하지 않고, 적당한 양만 먹는 습관이며 일찍 자고 일찍 일어나는 습관 만들기는 유치원부터 배웠지만 잘 지키지 못하는 나쁜 습관들이다. 스스로 자기 생명을 지키는 일 외에도 국가기관이나 집단의 노력도 필요하다. 살인자는 반드시 죽이는 원칙을 지켜야 살인을 일삼는 흉악범이 없어질 것이다.

우리나라는 수 천 년 동안 많은 외침을 받아왔다. 외침을 막을 수 있는 훈련된 군대와 첨단 무기를 확보하는 일이 주임무임을 최고 통치자는 한시도 잊어서는 안 되며 천재지변으로 인한 인명피해와 재산손해를 입지 않도록 예방과 신속한 대처 노력이 지속해야 한다.

그러자면 충분한 자금조달과 숙련된 인력을 확보하는 노력을 해야 한다.

정부의 지속적인 경제개발 노력과 훈련체계를 갖추어야 하고 경쟁 위주 교육정책을 인성교육으로 전환해야 한다.

2015년 02월 27일

18 한글의 세계화 준비

　필자가 중학교 다닐 때 4Km가 넘는 먼 길을 걸어서 통학하였다. 왼손엔 가방이 들려있고 오른손엔 단어장이 필수였을 정도로 단어 외우기는 생활 그 자체였다. 학교를 마치고 집에 오면 소꼴(소먹이 풀)을 베어야 했지만 꼴 베는 시간 내내 단어 외우기는 계속되었을 정도로 열심이었다. 그러나 영어 시간에는 문법 위주의 수업뿐 회화는 해본 일이 없다. 그래서인지는 몰라도 외웠던 단어는 모두 머릿속에서 사라지고 회화는 처음부터 불가능했으니 외국인을 만나면 먼저 피할 수밖에 없다.

　지금처럼 어릴 때부터 회화 중심으로 배웠다면 외국인을 만나도 피하지 않고 간단한 의사소통이라도 할 수 있을 텐데 하는 아쉬움이 있다.

　지금은 한글을 배우고 우리말로 의사소통하고 싶은 외국인이 많이 늘어나고 있다. 세계 각국에서 한국어를 선택과목으로 채택하는 학교가 늘어나고 있다는 뉴스도 자주 접한다. 한국의 위상이 그만큼 높아졌다는 증거이지만 그들의 욕구를 충족시킬 수 있는 한글의 체계는 변하지 않고 있어 그들의 기대에 부응할 수 없는 실정이다.

한글이 세계에서 말을 가장 많이 담을 수 있는 글, 누구나 쉽게 배우고 쓸 수 있는 글이 된다면 앞으로 영어, 한자, 일본어를 제치고 세계인이 사용하는 공통어가 될 수도 있을 것이다.

지금의 한글은 받침이 너무 많고 비슷한 발음이면서 서로 뜻이 다르므로 외국인이 쉽게 배울 수 없을 뿐 아니라 내국인조차도 스스로 자서전을 비롯한 시, 수필 등 간단한 글도 쓸 수 없어 대필 작가에 의존해야 하고 글쓰기를 주저하고 있는 실정이다.

ㅅ, ㄷ, ㅌ 등 복잡한 받침을 하나로 통일하고 ㄱㅅ, ㄴㅅ, ㄴㅎ, ㅂㅅ, ㄹㄱ, ㄹㅂ, ㄹㅌ, ㄹㅁ, ㄹㅍ, ㄹㅎ 등은 아주 없애는 한글 단순화 혁명이 필요하다.

띄어쓰기 규정도 제대로 알고 쓰는 국민은 많지 않다. 생각하는 대로 소리 나는 대로 자연스럽게 쓸 수 있도록 완화하여야 한다.

스마트폰, 자동차, 가전제품 등 대기업 제품이 세계시장을 휩쓸고 있다. K팝, 소녀시대, 아이돌, 싸이 등 연예인들에 의한 한류 바람도 거세다.

경제력, 문화적으로 세계인들의 마음을 사로잡았으니 이제부터는 우리글을 전 세계인이 배울 수 있도록 한글 간소화를 시작할 때가 되었다. 한자의 종주국인 종국은 벌써 전통 한자를 버리고 간자로 통일하였다. 우리라고 정통 한글만을 고집할 필요는 없다. 배우기 쉽고, 쓰기 쉬운 한글이 세계인의 글이 된다면 우리 국민의 위상은 물론 우리나라 제품의 위상도 높아져 경제 대국이 되고 세계인들이 몰려드는 관광대국으로 자리 잡을 수 있을 것이다.

우리 국민이 어려서부터 영어를 배우듯이 외국의 아이들도 어려서부터 한글을 배우고 쓸 수 있는 시대가 왔으면 좋겠다.

2015년 02월 23일

쉴 새 없이 보다 나은 사람이 되기 위해 노력하자.
여기에 인생의 참된 의미가 포함되어 있다. 어떻게 계속해서 앞으로만 나아갈 것인가.
그것은 오직 노력에 의해서 가능하다. 노력 없이는 결코 나은 사람이 될 수 없다.
신의 왕국은 노력에 의하여 파악된다. 이것은 결국 악으로부터 벗어나
선인이 되기 위하여 노력이 필요하다는 것을 의미한다.

— 톨스토이

19 다리에도 대피소를

안개 낀 영종대교에서 106중 추돌사고가 발생했다. 천안 논산 간 고속도로에서 발생한 104중 추돌사고를 경신했다. 몇 년 전엔 서해대교에서도 29중 추돌사고가 발생했고 불까지 나는 바람에 온종일 불통일 때도 있다. 뿐만 아니라 서울 시내 내부순환도로의 터널에서 차량에 불이 났는데 대피할 수 없어 그냥 당하고 말았다.

매일 크고 작은 사고를 보면서도 피할 방법이 없으니 내 생명을 하늘에 맡기고 살아가야 한다. 통신의 발달로 전국에서 발생하는 각종 사고는 물론 해외에서 발생한 사고까지 즉시 듣고 보는 세상이 되었지만 사고를 막지는 못하고 있어 안타깝다. 내가 잘못해서 발생한 사고도 있지만, 구조적인 문제와 상대방의 실수로 당하는 경우가 많다. 모든 사람이 안전사고 예방에 함께 참여하여 사고를 줄여나가야 하겠다.

사고처리도 문제다.

긴 터널이나 다리에서 사고가 나면 꼼짝 못 하고 같이 당해야 하는 일은 막아야 한다. 새로 건설되는 터널엔 실효성이 얼마나 있는지는 모르지만, 대피소가 있다. 대피소를 만들라니까 마지못해 만들어 놓은 느낌이 들 때도 있다. 70~100m 전방에 대피소가 있다는 표시를 해야 하는데 그런 안내판을 본 일이 없기 때문이다.

전국에 건설되는 다리가 점점 길어지고 있다. 토목기술의 향상으로 바다를 질러 다리를 놓고 섬과 섬을 연결하는 다리가 많이 건설될 정도로 다리의 길이는 점점 길어지고 있다. 그런데 영종대교나 서해대교처럼 수 km씩 되는 긴 다리 한복판에서 사고가 발생하면 속된말로 빼도 박도 못하는 신세가 된다. 구조장비가 도착해도 사고처리를 쉽게 할 수 있는 공간이 없다. 그럴 때 중간중간에 간이 주차장(주머니 주차장)이 있으면 편리할 것이다. 주머니 주차장은 사고처리 외에도 잠깐 차를 세우고 사진촬영도 하고 잠시 쉬어갈 수 있는 전망대 역할도 할 수 있어 좋다.

신설되는 긴 다리엔 꼭 주머니 주차장을 같이 건설했으면 좋겠다. 요즘 전국으로 뻗어 가는 고속도로변 갓길에는 주머니 주차장이 늘어나고 있다.

필자가 오래전부터 주장한 것이 이젠 전국으로 확산하고 있어 보람을 느낄 때가 많다. 그런 주머니 주차장이 앞으로는 긴 다리에도 생겼으면 좋겠다.

2015년 02월 13일

20 긴급 신고전화 통합

필자가 2014. 10. 02 일자 칼럼을 통하여 지적하였던 긴급전화(응급전화) 시스템이 통합된다. 그간 너무 많아 복잡하기만 하고 사용실적이 미미했던 20여 종의 긴급 신고전화가 새로 통합 신설된 국민안전처에서 2016년부터 119, 112, 110으로 통합 운영하기로 하였다.

화재, 구조, 구급, 해양, 전기, 가스 등 재난 관련 긴급상황은 119로 통합하고 폭력, 밀수, 학대, 미아, 해킹 등 범죄 관련 긴급상황은 112로 통합하여 관리한다.

그 외 일반민원상황(각종 행정민원, 요금, 범칙금 등 생활민원과 청소년, 여성, 노인, 정신질환 등)은 110으로 통합하여 2016년부터 시행하기로 하였다는 반가운 소식이다. 정부는 모든 분야에서 복잡하게 분산된 업무를 통합하여 비효율을 효율적으로 개선해나가야 할 것이다.

참고로 2014년 10월 2일 필자가 지적하였던 칼럼을 같이 게재한다.

2015년 02월 06일

통일된 응급전화 번호가 있어야 _2014년 10월 02일

지구촌 어디에서나 화재, 교통(육상, 해상, 공중), 조난, 홍수, 해일, 지진 등 각종 사고가 끊일 날이 없다. 언제, 어디서, 어떤 사고가 발생할지 정확히 알고 대처할 능력을 갖춘 사람은 없다.

국가도 마찬가지이다.

사고의 유형별 사고 발생을 최소화하고 발생 시 응급대응 능력을 길러야 한다. 장비보완, 제도개선, 구조인력 및 복구인력의 훈련을 지속하는 노력이 필요하다. 사고 발생을 신속히 연락할 수 있는 공통된 전화번호가 있어야 한다. 우리나라엔 각종 신고전화 번호가 12개나 있다. 가장 많이 알고 있는 번호가 119번이다. 불이 났을 때 알리는 번호이지만 응급환자가 발생해도 119번을 누르면 신속히 달려와 환자 수송을 해준다. 다음으로 많이 알고 있는 번호가 112이다. 범죄 신고용 전화지만 교통사고나 기타 긴급사고가 발생하면 누르는 번호이다. 그 외에도 간첩신고 113, 학교폭력신고 117, 사이버테러신고 118, 해양신고 122, 밀수신고 125, 마약사범신

72 과거는 지우고 미래는 디자인하는 **역발상**

고 127, 환경오염신고 128, 실종신고 182 등 수많은 신고 전화가 있어도 이를 잘 알고 활용하는 사람은 없다. 아까운 예산만 낭비하고 있을 뿐 사고 발생 시 신속하게 대처할 수 있는 시스템이 아니다.

2014. 5. 2일 칼럼에서 이와 같은 유명무실한 신고번호를 119나 112로 통일하자는 칼럼을 쓴 바 있다.

정부에서도 신고번호 통일의 필요성은 인정하면서도 실행에 옮기지 못하고 있다. 담당 부서에서는 신속히 신고전화를 일원화하여 어린이부터 어른까지 재난 발생 시 즉시 신고할 수 있는 통합시스템을 구축해야 한다.

참고로 각 나라에서 쓰고 있는 응급전화 번호를 소개한다.

미국을 비롯한 중남미의 많은 나라에서는 911(9.11테러 이전엔 999번)을 사용하고 있다. 세계에서 가장 많이 사용되는 번호는 112인데 독일, 터키, 러시아 등 주로 유럽 및 인접국에서 많이 쓰는 통일된 번호이다.

119를 쓰는 나라도 많다.

119가 됐던 112가 됐던 통일된 번호를 모든 국민이 알고 신속히 알리고 해당 부서에서는 5분대기조 같은 신속대응팀을 가동하여 각종 재해 발생 시 인명과 재산의 피해를 최소화하도록 해야 한다.

2014년 10월 02일

21 꿈꾸는 역발상 2

   2015년 벽두에 19년째 써온 칼럼 중 늘 머리에 빙빙 돌고 있는 것 10선 중 2회째 5꼭지를 요점만 공개한다.

1. 월드타운

   한국은 세계를 향해 30초 간격으로 비행기가 뜨고 내리는 세계의 중심에 있는 역동적인 나라이다.

   모든 학생이 영어 공부에 집중하고 해외 연수까지 하는 나라이지만 막상 외국인을 만나면 언어가 통하지 않는 이상한 나라가 대한민국이다.

   경기도 고양시 한강 변의 30만 평에 달하는 넓은 땅을 개하지도 않으면서 각종 규제로 묶어 놓은 땅이 있다.

   이곳을 관광특구로 지정하여 세계 각국의 홍보관과 상품 전시관으로 활용한다면 전 세계 관광객이 와서 한국의 고유 문화, 먹거리, 즐길 거리 등을 체험하고 돌아갈 수 있는 외국인 전용 관광단지를 만들면 좋겠다.

2. 회전 교차로

신호등이 대중화되지 않았을 때의 교차로는 대부분 회전 교차로로(로터리)였다.

전두환 정권부터 회전교차로와 육교가 철거되고 현행 신호등 체계로 바뀌었다.

현 신호등 체계는 대기시간이 길어 차량 흐름이 늦어지고 전적으로 수입에 의존하는 유류 낭비가 심하다

국토 해양부는 2011년부터 신설 도로를 중심으로 이를 부활하는 작업이 시작되고 있다.

그 결과 교통 소통이 원활해지고 있다.

신호대기시간이 없어 차량 흐름이 빨라지고 유류 소비도 줄어들며 매연 발생이 크게 감소하는 효과가 있어 좋다. 전국적 확대 시행이 필요하다.

(2011. 1. 14)

3. 곧은길

사람들은 돌아다니는 것을 싫어한다.

곳곳에 철책을 둘러놓지만 주변 눈치 보면서 철책을 넘어 직선거리로 가는 경우가 많다. 학교, 공원, 유적지 등에서 특

히 많이 발생한다.

지금의 길들은 옛날부터 구불구불 지형 따라 자연 발생적으로 생겨난 좁은 길을 조금씩 확장하여 포장한 곳이 많다.

포장률로만 보면 전 세계 1등이지만 형태로 보면 대단히 비효율적이다.

이런 길을 직선화해야 한다.

구불구불한 길에선 고속도로나 고속화 도로 또는 새로 건설되는 큰 도로보다 교통사고 발생 빈도가 높고, 이동시간도 2~3배 더 걸리는 등 경제적 폐해가 크기 때문이다.

(2010. 9. 10.)

4. 노인정을 치매 예방 센터로

치매 노인이 급증하면서 요양원, 요양병원이 호황을 누리고 있다.

집안에 치매 환자가 발생하면, 형제들끼리 비용을 모아 요양원으로 모시는 현대판 고려장이 성행하고 있다.

치매 노인을 돌보려 하지 않는 젊은 부인들 탓도 있지만 치열한 생존경쟁 속에서 치매 노인을 돌보는 데 전념할 수 없기 때문일 것이다.

가장 급한 것은 치매 발병률을 줄이는 일이다.

그러자면 치매 예방 교육이 필요하고 예방 훈련(습관들이기)이 필요하다.

전국적으로 설치된 노인정을 치매 예방센터로 전환하여 지역마다 있는 보건소 직원이 예방교육을 하고 스스로 운동을 하게 하면 정부에서 큰 예산 들이지 않고도 치매 환자를 줄이는데 크게 이바지할 것이다.

(2103.5.16.)

5. 위안부 역발상

부대 지휘관이 부하 여군을 성폭행한 사건을 두고 주요 지휘관 출신 모 국회의원이 외박을 나가지 못해 발생한 사건이라 하여 큰 반향을 일으키고 있다.

군대는 성 욕구를 해소하지 못하는 대표적인 집단이다.

과거 전쟁이 끊이지 않던 시대엔 전쟁 한 번 발생하면 원치 않는 임신으로 사생아가 많이 나왔고 속수무책으로 당한 여성들은 평생 울분을 토하며 살아야 했다.

2차 대전시 일본군은 위안소를 설치하여 우리 젊은 여성들의 성을 겁탈하였다.

종전 70년이 되도록 이 문제를 해결하지 못하고 있어 안타깝다.

일본이 위안부 강제 동원을 부인하고 있으며 이들에 대한 보상도 청구권에 포함되어있다는 핑계를 대며 보상에 응하지 않고 있다.

이들의 반성이나 보상 문제로 양 국민의 감정 대립이 지속되고 있다.

필자는 아직 살아 있는 50여 명의 명예를 회복하고 적절한 보상을 우리 정부가 먼저 해주고 일본에 구상권을 청구하여 해결하도록 하는 대결단이 필요하다고 생각하여 제안한 바 있다.

그 결과는 일본의 지도자들이 두고두고 후회하게 될 역발상 정책이 될 것이다.

2015년 1월 30일

승리는 노력과 사랑에 의해서만 얻어진다. 승리는 가장 끈기있게 노력하는 사람에게 간다. 어떤 고난의 한가운데 있더라도 노력으로 정복해야 한다. 그것뿐이다. 이것이 진정한 승리의 길이다.

– 나폴레옹 1세

22 꿈꾸는 역발상

젊었을 때 가장 많이 꾼 꿈은 넓은 들판과 산을 훨훨 날아다니는 꿈이었다. 지금까지 꾼 꿈 중 영원히 잊히지 않는 꿈은 아버님이 돌아가신 3일째 깨끗한 외출복 입고 중절모 쓰고 나타난 모습과 두 분 모두 돌아가신 후 호랑이가 되어 밭둑에서 앉아 대문을 바라보고 있는 모습이다.

잠잘 때 꾸는 꿈 중에 95% 이상은 깨어나는 순간 모두 사라져버리고 남은 50%도 시간이 흐르면서 희미해지는데 특별한 꿈은 수십 년이 지나도 항상 기억이 생생하다.

꿈을 크게 분류한다면 잠자면서 꾸는 꿈과 자지 않으면서 꾸는 꿈이다. 필자는 자지 않으면서 꾸는 꿈을 매주 1회 칼럼으로 정리하여 인터넷 카페와 동호인 카페, 그리고 지역신문, 주간신문, 월간잡지 등에 올리기 시작한 것이 어언 19년째다.

필자는 2015년 벽두에 19년째 써온 칼럼 중 늘 머리에서 빙빙 돌고 있는 것 중 10개를 골라 2회에 걸쳐 독자들에게 공개하고자 한다.

1. 갓길 활용

고속도로마다 갓길이 있다. 조금만 확장하면 차선 하나씩 늘어난다. 이 제안 초기엔 반대의견이 많았다. 고장차량을 세우고 견인할 수 없다는 이유였지만 갓길 차선 요소요소에 주머니 주차장으로 그 문제는 해결됐고 이제는 갓길 활용차선이 점점 늘어나고 지금도 연장공사가 곳곳에서 진행되고 있는 것을 볼 수 있다.

2. 울릉도 비행장 필요

현재 배를 이용하는 울릉도 관광은 시간도 많이 걸리고 풍랑이 일면 꼼짝 못 하고 기다려야 하므로 많은 제약을 받는다. 그래서 울릉도를 가고 싶어도 갈 수 없는 곳이다. 공항이 생기면 당일 관광도 가능할 뿐 아니라 중국 관광객과 일본 수학여행단을 유치할 수 있어 울릉도 경기가 제주도 못지않게 좋아지는 동시에 인근에 있는 독도의 영유권 문제도 자연스럽게 해결될 수 있어 제안했는데 올해부터 착공한다는 소식이 있어 기쁘다.

3. 남북동시관광

정부가 관광객 1,000만 명 시대를 열겠다고 각종 아이디어를 내놓고 있다. 우리나라를 찾는 관광객 중 한강 유람선을 타고 김포에서 미사리까지 강변에 펼쳐지는 발전된 모습을 관광한 후 북한 땅 개성입구에 있는 벽란도(고려 시대에 번성했던 무역항)에 들러 점심 먹고 북쪽에서 생산되는 토산품을 사서 돌아오는 남북 동시 관광 사업을 북한과 협의하여 실행하면 단숨에 관광객 2,000만 명 이상으로 증가할 것이다. 북한은 북한을 홍보하고 경제를 활성화해서 삶의 질이 향상되는 효과가 있어 호응할 확률이 높다.(아직 실현되지 않았지만 정부의 의지가 있다면 실현 가능한 구상임)

4. 평화공원과 대동강의 기적

남북이 대치중인 DMZ 일부의 철책을 걷어내고 세계 각국의 관광객 2,000만 명을 유치할 수 있고 남북한의 관광객이 와서 하루를 즐기면서 남북공동으로 벼룩시장을 개설하고, 이산가족 찾는 장소도 만들면 남북 간의 긴장완화는 물론 세계 각국의 관광객이 구름같이 몰려드는 현상이 벌어질 것이다. 남북이 화해하는 이 사업이 성공한다면 박근혜 대통령과 김정은이 같이 평화상을 탈 수 있는 계기가 될 것으로 생각되어 제안했다. (정부의 구상이 빨리 실현되기를…….)

5. 내차 타고 만주벌판 달리는 꿈

자가용 타고 개성에서 신의주까지 북한 땅을 달려 단둥을 거쳐 선양, 연변, 도문, 목단강 등 만주지방을 달려보는 꿈이다.

북한과 중국에서도 통행료를 받아 챙기는 수입 외에도 기념품 판매, 음식물 판매 수익이 생긴다. 우리 관광객들은 분

단 이후 한 번도 가보지 못한 북한을 통과하며 북한의 자연환
경과 사는 모습을 먼발치에서나마 볼 수 있어 좋다. 내 차로
옛 조상들이 떵떵거리고 살았던 고구려 유적지, 발해유적지,
조선족 자치주 등을 돌아볼 수 있는 등 민족의 자긍심을 높이
는 사업이 될 수 있어 좋다.

2015년 01월 23일

아무리 높다 하더라도 인간이 도달할 수 없는 곳은 없다.
믿음과 자신감, 근면을 가지고 이를 행하지 않으면 안 된다.
갈 길이 멀다고만 하지 말자. 목표가 너무 높다고만 하지 말자.
노력으로 한발 한발 다가가자.
근면으로 차근차근 올라가자.
자신감을 가지고 조금씩 성취해 나가자.

— 안데르손

23 정부 노력만으로 안전사고 못 막는다

  세계 각국에서 매일 안전사고가 발생한다. 우리나라만의 문제가 아니다. 사고유형을 살펴보면 봄철엔 산불이 많고 수학여행단 사고도 많다. 여름엔 익사사고가 주를 이루며 가을철엔 산불과 등산객의 낙상사고, 겨울철엔 주거시설에서 불이 자주 나는 등 계절이 바뀔 때마다 사고의 유형도 조금씩 달라진다.

  전국에서 시도 때도 없이 발생하는 각종 사고를 줄이고 조기에 대처하기 위해 정부가 소방방재청을 승격하여 국민안전처를 신설하였지만 사고는 도리어 늘어나는 느낌이다. 정부의 조직만으로 안전사고를 예방할 수 없다는 증거이다.

  최근 의정부에서 발생한 아파트 불을 보면 더 자명해진다. 아파트 주변에 무질서하게 세워둔 차량 때문에 소방차가 제때 진입을 못 해서 피해가 확대된 대표적 사례라 할 수 있다.

  아파트마다 주차장 면적보다 많은 차량의 증가로 이중주차를 많이 한다. 일부 몰지각한 운전자들은 소방차 진입로까지

막아버리고 들어가는 사례를 자주 볼 수 있다.

주민 스스로 지켜야 할 기본 수칙을 규제와 단속만으로 해결하려 해서는 안 된다. 지역마다 자율방범대가 있다. 자율방범대의 조직을 좀 확대하고 경비 일부를 정부나 자치단체가 지원해주는 방법을 제시해 본다.

이미 있는 조직에 화재예방 및 화재 발생 시 조기 진화 할 수 있도록 지원하고 자체순찰대를 편성하여 위험요소를 제거하고 진·출입 방해차량을 사전 단속 할 수 있도록 하면 화재 발생도 줄이고 화재로 인한 피해도 최소화할 수 있을 것이다.

여름철에 많이 발생하는 익사사고도 줄일 수 있다. 흐르는 강물과 고여 있는 물(저수지 또는 웅덩이)의 특성은 다르다. 흐르는 물은 물살의 세기가 문제이고, 고여 있는 물은 물의 깊이가 문제다. 그런데 접근금지 또는 위험표시만 있을 뿐 구체적 행동요령이 없다. 물가에 물의 깊이를 표시하고, 물에 들어가기 전 준비운동 요령이며 빠졌을 때는 같이 뛰어들어 성급히 구하려 뛰어든 사람의 죽은 사례가 더 많음을 알려주고 밧줄이나 장대 등을 던져주면서 112나 119에 구조요청을 해야 한다는 구체적 대처요령을 제시해야 한다. 농촌에선 산불을 막기 위해 소각을 금지하고 있다. 농작물수확 후 부산물(콩대, 깻대, 옥수숫대 등) 처리를 할 수 없어서 야음을 이용해 불법 소각을 하다 사고가 자주 발생한다.

마을 공동으로 이동식 간이 소각시설을 만들어서 대낮에

보이는 장소에서 조금씩 소각하도록 해야 한다. 어차피 소각할 바에는 많은 사람이 볼 수 있는 곳에서 소각이 이루어져야 산불로 번지는 것을 사전에 방지할 수 있다.

국민안전처라는 안전전담기구가 있으니까 안전사고가 없을 것이라고 하는 생각은 버려야 한다. 안전은 당사자들의 의식과 노력이 있어야 가능하다는 것을 모두 깨달아야 합니다.

2015년 01월 16일

사람이 위대하게 되는 것은 노력에 의하여 얻어진다.
문명이란 참다운 노력의 산물인 것이다.
― 스마일즈

24 동해와 일본해

　며칠 전에 미국의 CIA(중앙정보국)에서 발간한 지도에 동해를 일본해로 표기하고 우리나라 지도엔 독도가 아예 빠지고 일본지도엔 독도를 리앙크루록스(1849년 프랑스 포경선 리앙크루호가 발견했다 해서 붙여진 이름)로 표기하여 문제가 되었다.

　일본이 우리나라를 강점하고 있을 때 그들은 우리의 동해를 일본해로 바꿨고 독도를 다케시마로 바꿔 세계에 홍보하여 지금도 대부분의 나라 지도엔 동해 대신에 일본해로 되어 있다.

　우리 국민의 측면에서 보면 황당한 일이며 열 받는 일이다. 우리나라 영토의 동쪽에 있으니 동해가 바르다는 주장이다. 그러나 일본인들의 측면에서 보면 일본해가 맞을 수 있다. 일본영토의 서쪽에 있는 바다이니 우리식으로 표기한다면 서해가 맞지만, 그들은 방향에 따라 바다를 표기하지 않고 아예 일본 앞바다이니 일본해로 정했던 것이다.

양쪽의 주장이 모두 맞을 수도 있고 모두 틀릴 수도 있다. 각자 살고 있는 지역에서 자기중심으로 생각했기 때문이다. 우리식 바다 명칭인 동해를 일본과 협의하여 우리나라와 일본이 인정하는 제삼의 명칭으로 변경하여 전 세계에 알릴 필요가 있다.

우리 조상들이 좀 더 지혜롭고 합리적인 사고를 갖고 있었다면 우리나라 영토의 서쪽에 있는 바다는 서해라 하지 않고 황해라 하는 것과 마찬가지로 동해란 명칭은 쓰지 않았어야 한다.

동해는 일본에서 보면 분명 맞지 않는다. 일본해라는 명칭도 우리나라에서 보면 맞지 않는다. 지금까지는 일본의 경제력과 외교력이 우리보다 강하고 세계 각국에 끼치는 영향력 때문에 바다 이름도, 독도 영토문제도 사실대로 바로 잡히지 않고 있다.

우리의 힘이 일본보다 커진다면 세계지도는 우리의 뜻대로 표기될 것이다. 동해와 일본해는 영원할 수 없는 것이 확실하다. 하루빨리 우리나라와 일본의 당국자와 학자들이 모여 새로운 바다 명칭을 만들어야 할 것이다. 영원히 변할 수 없는 이름 어느 나라에서 생각해도 이치에 맞거나 문제 되지 않을 바다 이름을 지어야 할 것이다.

2015년 01월 09일

25 2015 역발상

　매년 연말연시가 되면 소란스러웠다. 직장마다 종무식과 시무식이 있었다. 12월 말엔 종무식이라고 하루를 적당히 보내고 1월 2일은 시무식이라고 적당히 보낸다.

　회사에선 종무식과 시무식에 술과 음식을 장만하고 비싼 대여료를 내면서 특별한 장소를 마련할 때도 있었다. 이러한 폐단들이 점차 줄기 시작하고 있는 것 같다. 조용한 종무식 조용한 시무식이 대세가 된 것이다. 임직원들도 들뜨지 않고 차분히 지난해를 보내고 새해를 맞이한다.

　올해는 새해 같지 않은 새해를 맞이했다.

　과거엔 해가 바뀐다고 달라질 것도 없는데 달라질 것처럼 요란법석을 떨었다는 생각이 든다. 사실 숫자만 바뀔 뿐 환경은 그대로인데 모두를 들뜨게 하였던 것이다.

　경기침체가 지속하면서 새해라고 특별히 내세울 것이 없다. 허황된 계획을 발표하면 비판(비난)만 난무할 정도로 시민의식이 변한 것도 연말연시가 조용해진 큰 이유일 것이다.

조용히 시작된 2015년은 과연 희망이 없는 것인가 생각해 볼 필요가 있다.

잔잔하던 바닷물이 갑자기 큰 파도를 일으키고 나뭇잎조차도 움직이지 않다가도 갑자기 회오리바람을 일으킬 때가 있다.

잔잔할 땐 파도가 밀려올 것을 대비하고 바람 한 점 없을 때도 돌풍을 대비하는 정신과 준비가 필요하다.

2015 새해는 조용하게 시작되었다. 그렇다고 2015는 희망이 없다고 생각하지 말아야 한다. 갑자기 큰 변화가 올 것을 대비해야 한다. 역발상이 필요하다.

경제가 장기간 침체하면 가장 고통스러운 것이 서민들이고, 중소기업이다. 이들에게는 과연 희망이 없는 것일까? 역발상으로 따져볼 필요가 있다.

기름값이 추락하고 있다. 물가는 그대로다. 교통사고가 줄고 있고 암 발병률도 낮아지고 있다고 한다. 대출이자도 내리고 있다. 특히 올해엔 김정은의 신년사가 우리에게 안도감을 주고 있다. 그렇다면 우리 서민들에게는 희망의 해가 될 수 있지 않은가!

중소기업에도 희망이 있다.

규제의 칼날이 무뎌지고 있고, 유가 하락으로 원자잿값이 안정되고 물류비가 줄고 있다. 근로자 이탈현상도 사라졌다. 따라서 임금안정으로 경영압박이 상대적으로 줄고 있으니 빈사상태의 중소기업에도 희망이 생기고 있다고 보아야 한다.

생각만 바꿔도 행복해지는 것이 인간이다. 너무 풀죽어 살지
말고 기운을 내자. 역발상은 힘이 되고 희망이 될 때가 있다.
2015년 새해는 역발상으로 세상을 돌파해보기 바란다.

2015년 01월 02일

오늘 하루를 헛되이 보냈다면 커다란 손실이다.
하루를 유익하게 보낸 사람은 하루의 보물을 파낸 것이다.
하루를 헛되이 보냄은 내 몸을 헛되이 소모하고 있다는 것을 기억해야 한다.

– 앙리 프레데리크 아미엘

26 실천 가능한 덕담을

해마다 연초가 되면 덕담이 오고 간다.

가족 간의 덕담으로는 단연 건강에 관한 것이다. 노인에겐 '오래오래 건강하십시오. 만수무강 하십시오.' 등이 대세이고 웃어른이 자손들에게 하는 덕담은 '건강해라, 성공해라, 꼭 합격해라, 1등해라' 등등. 격려보다는 부담 주는 덕담이 많고 괴롭히는 덕담도 있다. '올해엔 꼭 시집가도록 해라. 올해엔 장가가야지.' 등 가족 간의 덕담 외에 친지 간의 덕담, 친구 간에 오가는 덕담들은 대부분 문자로 이루어지는데 '복 많이 받으세요, 건강하세요, 대박 터지길……. 행복이 가득하길…….' 등등 다양한 덕담이 오가지만 구체성은 없고 뜬구름 잡는 내용이 많다.

올해부터는 추상적이고 실현 불가능한 덕담을 자제하고 실현(실천) 가능한 덕담을 주고받는 실용 덕담으로 바뀌었으면 좋겠다.

첫째, 건강에 관련된 덕담이라면 매일 6,000보 걷기, 매끼 거르지 않고 적당히, 병원 적게 가는 한 해 되기 등 구체적인 덕담으로 바꿔서 듣는 사람이 공감하고 실천할 수 있도록 하면 좋을 것이다.

둘째, 자녀들에게 들려줄 덕담으로는 실천 가능하며 부담감 주지 않는 덕담을 준비했으면 좋겠다. 예를 든다면, '하고 싶은 일 찾아서 꾸준히 실천해라!, 애인이 생겼으면 좋겠다! 애인 찾아다니지 말고 찾아오도록 하는 사람이 되었으면 더 좋겠다!' 등으로 부담 주지 않고 노력하도록 유도하는 부드러운 덕담으로 바꾸면 좋을 것이다.

셋째, 아주 친한 친구라면, 올해엔 술 좀 줄여라! 담배 좀 끊어라! 종합검진 해봐라! 매일 6,000보 이상 걸어야 해! 등 구체적 행동요령을 제시하는 것도 좋을 것이다.

넷째, 일반적이고 의례적인 덕담이라면 '행복한 한 해 되십시오.' '복 많이 받으십시오.' '즐거움이 가득한 한 해 되십시오.' 등 상대방 사정을 잘 알 수 없으니 어쩔 수 없이 추상적인 덕담을 보낼 수밖에 없을 것이다.

덕담은 상대방에게 희망 주고, 상대를 좀 추켜세워주고, 위로해주는 오래된 우리 민족의 풍습이니 계속 이어져야 하지만 천편일률적이고 실현 불가능한 미사여구보다는 실용적이고 실현 가능하면서도 기분 좋게 받아들이고 기분 좋은 답장을 보낼 수 있도록 했으면 좋겠다.

덕담하는 사람은 스스로 실천하고 있거나 실천을 같이해야 덕담할 자격이 있음도 알아야 한다.

지나친 말장난으로 끝나는 건배사도 모두 공감하고 희망적이며 실천 가능한 내용으로 순화되었으면 좋겠다.

2014년 12월 26일

가라, 달려라, 그리고 세계가 6일 동안에 만들어졌음을 잊지 마라.
그대는 그대가 원하는 것은 무엇이든지 나에게 청구할 수 있지만, 시간만은 안된다.

― 나폴레옹

27 갑과 을의 동행同行

소란스러운 2014년이 저물어 간다.

유병언 사건으로 얼룩졌던 6개월은 대한민국의 수치였고, 온 국민이 분통 터뜨렸던 사건이었지만 지금은 기억 속에서 사라지고 있다. 그 외에도 2014년을 떠들썩하게 했던 풍선삐라 소동, 수원 토막살인 사건 등 국민을 불안하게 하는 일들이 많았지만, 이 또한 일정 시간이 지나면 모두 잊힐 것이다. 그러나 최근에 있었던 땅콩회항 사건은 지나친 갑질에 반발한 지나친 을질의 대표적 사례였다.

권력자와 있는 자에 대한 반발심이 땅콩회항 사건을 계기로 폭발했다고 생각해도 괜찮을 것이다. 늘 '갑의 횡포에 시달리며 살아왔던 근로자, 소상공인들!, 갑의 횡포를 참아가며 살아가는 서민들에겐 가슴이 확 뚫릴 듯한 사건이지만 시간이 흐르면서 갑에 대한 동정심도 나타나고 있다.

갑과 을은 어느 시대나 어느 사회에나 있다.

봉건시대엔 갑과 을이 태어날 때부터 정해졌었다. 그러나 지금은 갑이 을이 될 수도 있고 을이 갑이 될 수도 있는 시대이다. 갑에게는 '지시, 확인, 평가, 수정지시' 등의 임무가 있고, 을에게는 정당한 지시를 성실하게 이행하고 그 결과를 보고하는 의무가 있다. 이를 이행하는 과정에서 상대방에게 불쾌감이나 불이익이 생기지 않도록 해야 한다.

이 사건을 계기로 갑은 지나친 자만심 버리고 을을 끌어안는 계기가 되었으면 좋겠다. 갑과 을과의 불편한 관계가 지속한다면 땅콩회항 사건과 유사한 사건이 계속 벌어질 것이다. 갑과 을은 숫 적으로 비교되지 않는다. 갑의 합리적이고 공정한 운영만이 모든 을을 아우를 수 있다.

돌아오는 새해엔 '양 떼들이 드넓은 벌판을 자유로이 이동하면서 활동하다가 우리로 돌아와 주인과 조우하는 장면처럼' 대우받고 즐겁게 살 수 있는 조용한 나라, 조용한 직장, 조용한 가정을 만드는데 동참했으면 좋겠다. 지금도 전국 곳곳의 사업장에서는 임금과 근로조건 등을 두고 벌어지는 노사분규가 지속하고 있다. 갑이 잘돼야 을의 일터가 보장되고, 을이 있어야 갑이 성장할 수 있다. 갑과 을이 서로 불신하고 갑과 을이 대립하는 한 조용한 사회는 이루어지지 않는다. 갑은 을을 격려하고 을은 갑을 이해하고 갑과 을이 하나 되어 한 방향을 향해 달리는 양의 해가 되었으면 좋겠다.

2014년 12월 20일

28 행복지수 끌어올리기

우리는 인정하려 하지 않지만, 세계는 우리나라를 선진국이라고 한다. 세계 10위권의 무역대국이 됐고, 국민 소득도 3만 불에 근접하고 있다.

이와 같은 경이적인 경제발전을 이루는 데는 박정희 대통령의 미래를 내다보는 안목과 과감한 경제개발정책에 발맞춰 적극적으로 뛴 기업들의 성공이 주요인이다. 삼성, 현대, LG, SK 등 대기업의 역할이 컸고, 전 세계로 확산하는 한류열풍은 우리나라의 브랜드 가치를 최고조로 높여가고 있다.

이에 힘입어 해외에서 열심히 뛰는 교포들의 힘도 컸다. 이렇게 좋은 나라에 살면서도 개개인의 삶은 그리 풍요롭지 못한 것이 현실이다.

정치권을 비롯한 각종 집단의 극단적 이기주의와 부정부패가 온 국민을 불안하게 하고 그로 인한 스트레스가 행복지수를 끌어내리고 있다.

우리보다 못사는 나라의 행복지수가 우리보다 높은 곳이

많다.

행복지수는 경제력이나 지도자들의 노력만으론 끌어올릴 수 없다. 국민 각자가 스트레스는 줄이고 삶의 만족도를 높이는 노력이 필요하다.

남과 비교하지 말고 현재를 지난날의 삶과 비교하는 일부터 시작해야 한다.

① 의식주 등에서 삶의 질이 과거보다 '좋아졌는가?' '낮아졌는가?'

② 위생, 교통, 통신, 문화시설 등 주변 환경이 과거보다 '좋아졌는가?' '빠졌는가?'

③ 생계를 위한 활동보다 휴식시간, 여가활동 시간이 '늘어났는가?' '줄어들었는가?' 등등 나보다 좋은 조건에서, 여유 있게 잘사는 사람만 바라보고 비교한다면 그 인생은 평생 스트레스 속에서, 나만 불행하다는 불만 속에서 벗어날 수 없다.

매일매일 일어나는 주변 환경에서 한 발짝 떨어져 바라보고 그 일에 흥분하거나 빠져들지 않도록 노력한다면 행복지수가 지금보다 몇 배는 올라갈 것이다.

지나친 승부욕 버리고, 자녀, 자손 성적에 집착하지 말고, 지나친 우월주의에 빠지지 말고, 감투 쓰려 하지 말고, 불로소득 바라지 말고 노력한 만큼의 대가에 만족하며 사는 삶의 자세가 행복지수를 끌어올리는 지름길일 것이다.

2014년 12월 12일

29 소비자 역발상

　주부들이 장바구니 들고 시장을 두루두루 살피고 다닌다. 그들의 머릿속엔 늘 '어떻게 고르면 속지 않을까?'이다. 자급 자족하던 시대엔 싸게 사거나 덤 얻기에 골몰했지만 이젠 그런 것보다 가짜 국내산에 속지 않으려고 인터넷 뒤져보고 방송에 귀 기울이며 수입산과 국내산을 구별하는 정보와 노하우 습득에 노력하고 있다. 그 같은 노력에도 불구하고 속고 또 속는 것이 일상생활이다.

　백화점은 물론 재래시장까지 원사지 표시를 하고 있다. 식당에도 원산지 표시는 아주 잘 되어 있다. 단속에 걸리지 않으려는 노력일까? 고객에게 정확한 정보를 제공하여 단골을 많이 확보하려는 노력일까? 정확한 정보제공보다는 단속을 피하고 보자는 게 더 가깝지 않을까,

　항상 속이는 쪽이 속지 않으려는 쪽보다 더 노력하고 있다는 것을 소비자는 인정해야 한다. 열 명의 경찰관이 한 명의 도둑 못 잡는다는 말이 있지 않은가. 야간에 중국산 소금을

염전에 포설하고 한낮에 긁어 담는 세상인데 소비자가 어떻게 구별할 수 있겠는가! 요즘엔 농촌에서 사 온 깨도 못 믿는다는 말이 있다. 여행 갔다 한 말씩 갖고 온 깨를 사모아 농촌에서 수확한 깨와 1:1로 섞어 판다면 그 물건이 가짜인지 진짜인지 어떻게 구별할 수 있겠는가?

차라리 역발상을 생활에 적용하는 것이 속지 않는 좋은 방법일 수도 있다.

소고기를 예로 든다면 미국이나 호주에서 수입한 소고기가 국내산 한우보다 월등히 싸다 그런데도 대부분 주부는 비싸게 파는 국내산을 사려고 한다. 국내산이 고기의 질이 좋다는 것은 홍보 효과일 뿐 질이 더 좋을 이유가 없다.

미국, 호주 등에서는 주로 방목을 하고 있다. 그런데 우리나라에서는 넓은 땅이 없으니 좁은 우리 속에 많은 어린 소를 넣고 인공 사료를 주어 사육(비육)한다. 사료 먹고 운동 안 하고 자란 소고기와 넓은 들판을 자유로이 이동하며 풀을 먹고 자란 소고기를 비교하면 수입 소고기의 질이 떨어진다는 말은 성립되지 않는다. 주부들은 수입품을 구입하는 것이 값도 싸고 질도 좋다는 것을 알아야 한다. 소비자가 값싸고 질 좋은 수입품을 더 선호한다면 국내산 판매업자들이 앞다퉈 값을 내려 팔 것이다. 값싸게 먹을 수 있는 고기를 비싼 값에 사 먹는 것은 소비자의 실수일 뿐이다.

필자는 한때 문방구점을 운영한 일이 있다. 소비자는 처음 내놓는 물건을 사려 하지 않는다. 두 번째, 세 번째 보고는 비싼 것을 선택하는 경향이 있다는 것을 그때 터득하였다.

처음 내놓은 것보다 다음에 내보이는 것이 마진(이익)이 많은 경우가 많다. 그런 것도 판매업자의 양심 불량으로 치부할 것이 아니라 소비자의 지혜로 받아들이면 좋을 것이다.

국내산만 고집하지 말고 당당하게 수입품 사겠다고 하면 장사꾼들은 속일 방법이 없다. 물가는 소비자가 조절해야 한다. 품질도 소비자 선택에 따라 달라진다. 정부기관의 단속에 의존하고 단속만을 요구하면 속임수는 근절되지 않을 것이다.

2014년 12월 5일

가장 바쁜 사람이 가장 많은 시간을 가진다.
부지런히 노력하는 사람이 결국 많은 대가를 얻는다.

— 알렉산드리아 피네

30 안 지키는 법 폐기해야

고속도로엔 갓길이 있었다.

갓길 지키기 캠페인도 많이 벌였지만, 갓길운행은 줄지 않았다. 그러나 이젠 갓길이 효자길이 되고 있다.

갓길을 조금 확장하여 토요일, 일요일 등 차량이 많이 증가할 때 임시통행로로 활용하고 있으며 일부 구간은 상시통행로로 활용하여 소통에 크게 기여하고 있다.

필자는 칼럼을 통해서 10년 전부터 줄기차게 주장하던 갓길통행이 활성화된 데 대한 자부심을 느끼고 있다. 운전자들이 갓길운행금지 법을 잘 지켰으면 지금도 갓길은 그대로 방치되고 있을 것이다.

야간에 차량과 사람통행이 거의 없는 시간에도 신호등은 작동된다. 어쩌다 한 대씩 지나가는 차량이 신호등 앞에서 기다리는 것을 볼 때마다 무시하고 지나가도 될 텐데 라고 생각할 때가 많다.

그런 불편을 해소하기 위해 야간에 점멸등으로 바꿔 관리하는 곳도 늘어나고 있다.

법은 지켜야 하지만 불필요한 법 시간 낭비하고 기름 낭비하면서까지 지켜야 하는지 관계 당국은 물론 사용자들도 한 번 더 생각해볼 때가 되었다고 생각한다.

법을 제정할 때는 그 법으로 인한 피해도 생각해야 한다. 가능하다면 융통성을 많이 발휘하여 시민 생활에 불편이 없도록 해야 한다.

농촌에서는 수확한 후 버려야 할 것들이 많이 나온다. 예전엔 옥수수 수확 후 옥수숫대, 콩 수확 후 콩깍지 등 모든 농작물 수확 후에 잔재들은 불을 태워 정리했으나 산불방지 때문에 일체 소각을 금지하고 있다. 그러나 어두운 밤, 이른 아침 등 공무원이 출근 전이나 후에 몰래 소각하고 있다. 눈 가리고 아웅 하는 격이다.

산불로 번지지 않도록 하는 간이시설을 하도록 권장하여 시설을 갖춘 곳은 자유롭게 소각하도록 해야 한다.

곳곳에 '입산금지' 팻말이 서 있고, 취사 시 적발되면 벌금 ○○만 원이란 팻말도 곳곳에 세워졌지만, 취사행위는 근절되지 않고 있다.

요소요소에 공동취사장을 설치하여 활용하도록 한다면 취사로 인한 산불도 방지하고 시민불편도 크게 줄 것이다.

법만 만들어 놓으면 모든 행위를 막을 수 있다고 생각하면 안 된다. 지키지 못할 법은 만들지도 말고 만들었어도 못 지키면 안 지켜서 쓸모없는 법으로 만들어야 한다.

2014년 11월 28일

31 규제는 독약이다

　대통령께서 각부 장관들을 소집하여 닦달해도 규제는 줄어들지 않는다. 장관보다 말단 행정공무원들과 의회의원들이 규제 풀 생각을 하지 않고 있기 때문일 것이다. 규제를 풀려면 모법에 대한 시행령이나 시의회의 조례를 먼저 개정해야 하는데 규제의 칼자루를 쥔 이들은 규제를 풀어주면 할 일이 없어 놀아야 한다. 할 일 없는 공직자는 구조조정 대상이 되니 철밥통이 없어질까 봐 납작 엎드려 있다.

　그러니 규제를 풀어도 이들에게 불이익이 없도록 우선 조치하고 과감히 푸는 공직자에겐 별도의 인센티브를 주면 어떨까!

　규제는 우리나라만의 문제는 아니다. 전 세계가 당면한 공통과제이다. 먼저 푸는 나라는 경제가 살아나고, 서로 눈치 보면서 미적거리는 나라는 경기침체가 계속될 수밖에 없다.

　규제의 직격탄은 영세소기업에 먼저 떨어진다. 소기업은 잡초와 같다. 잡초는 그냥 놔두면 무럭무럭 잘 자라고 스스로 생명의 한계점에 오면 수십만 개의 씨를 만들어 다음 해에 더 넓게 퍼지려는 노력한다. 밟거나(간섭) 약제(규제)를 살포하면 일시에 죽거나 뿌리만 살아 있다가 서서히 다시 일어난다. 그렇지 않고 비료(거름)를 적당히 주면 더 왕성하게 자란다.

소기업을 살려내는 유일한 방법이 규제를 푸는 일이다.

그런데도 정부는 갖가지 지원제도만 만들어 대출을 받도록 한다. 대출금 이자라도 잘 갚으면 좋지만 급한 불부터 끄기 위해 모두 써버리고 만다. 결국, 남는 건 빚뿐이다.

일시적인 필요에 의해 규제가 필요했다면 그 필요성이 소멸하거나 약효가 떨어지면 즉시 풀어주어야 다시 살아날 수 있다.

말단 공직자들과 법을 만드는 국회의원, 시행령을 만드는 행정기관, 조례를 만드는 시도의회 의원들의 의식개혁과 규제해제 이후 닥칠 불이익이 없도록 한다면 그들이 앞장설 것이다.

국가안보와 공공질서유지나 쾌적한 환경을 만들기 위한 규제는 꼭 필요하다. 그렇지 않은 규제를 모두 풀면 기업이 성장하고 일자리가 늘어나 결과적으로 모든 국민이 잘사는 나라가 될 것이다.

2014년 11월 21일

32 올백보다 삼백이 좋다

수능시험이 끝났다.

60만여 명이 이 시험을 준비하느라 3년간 밤잠 못 자고 부모님들은 학원비 조달하느라 허리가 휘었다. 모두 입시지옥 속에서 아까운 인생 허비하고 있어 안타깝다.

한참 뛰놀며 창의력 신장시키고 건강 다져야 할 어린 학생들을 지옥으로 내몬 건 학부모들의 지나친 욕심이 가장 컸을 것이다. 학교등급을 올리기 위한 선생님들과 치열한 경쟁 속에서 살아남기 위한 학원들도 공동책임이다. 필자도 젊은 시절 15년간 교직에 있었다. 다른 선생님들은 매일 학부모 호출하여 성적 올리기를 독려할 때 '올백보다 삼백'이 성인이 되어 사회에 나갔을 때 성공할 확률이 높다는 것을 강조했다.

올백은 누구나 다 알겠지만 삼백의 의미는 잘 모를 것이다. 많은 과목 중 내가 가장 좋아하거나 소질이 있는 과목을 세 과목만 특별히 더 열심히 하고 나머지 학과는 전체 평균 이상만 맞으면 된다는 것이다.

대학에 가면 전공과목에 집중하면서 부전공을 더 해서 사회에 나가 전공 분야에 취직하거나 창업을 하되 상황이 여의치 않을 때는 부전공 쪽으로 방향을 수정하면 실패확률이 그만큼 낮아질 수 있다. 나머지 한 분야는 취미로 생각하고 그 분야의 지식과 기능을 보완해두면 또 한 번의 실패가 와도 큰 충격 없이 재기할 수가 있다고 생각하여 제자들에게 지속해서 권장했던 것이다. 누구에게나 평생 3번의 기회가 오지만 그 기회를 놓치지 않으려면 한두 분야에 집중해야 한다. 모든 학생이 부모들의 여망대로 올백을 맞을 수 있다면 그것도 괜찮을 것이다. 그러나 많은 과목을 다 잘할 수 없어 중도 포기할 수밖에 없다.

미국의 억만장자 불름버그는 수천만 원씩 들여 명문대학 가는 것보다 배관공으로 일하면서 그 돈을 자기 자신의 재산으로 만드는 것이 더 나을 거라고 했다.

자식의 인생은 부모에 의해 결정되는 것이 아니다. 오로지 자신이 결정하고 집중적으로 노력하도록 해야 한다. 우리 집 아이는 학원 문턱도 가지 않았고 공부하라고 독려하지도 않았다. 학교에서나 집에서 틈만 나면 마징가Z를 그려도 제재하지 않았다. 지금 그는 공학박사가 되어 우주개발 분야에서 일하고 있다.

교육제도와 진로지도에 삼백을 적용한다면 학부모는 학원비 대느라 허리 휘지 않고, 학교생활에 충실하고 취미생

활을 같이하면서 스스로 앞길을 개척하도록 하는 것이 좋을
것이다.

2014년 11월 14일

그대는 인생을 사랑하는가? 그렇다면 시간을 낭비하지 마라.
왜냐하면, 시간은 인생을 구성한 재료니까. 똑같이 출발하였는데,
세월이 지난 뒤에 보면 어떤 사람은 뛰어나고 어떤 사람은 낙오자가 되어 있다.
이 두 사람의 거리는 좀처럼 접근할 수 없는 것이 되어 버렸다. 이것은 하루하루
주어진 시간을 잘 이용했느냐 이용하지 않고 허송세월을 보냈느냐에 달려 있다.

— 벤자민 프랭클린

33 시민사회단체도 체계적 관리 필요

대북삐라(전단지) 살포장면을 각종 언론 특히 종편에서 생중계를 했다. 이를 트집 삼아 모처럼 무르익었던 남북 고위급 대화가 무산되었다. 남북대화는 북측에서 먼저 제안했고 삐라 살포만 중지해주면 다른 조건은 달지 않고 남측 편한 날짜에 하자고 했다. 그러나 정부와 지역주민들의 자제 요청에도 아랑곳하지 않고 삐라 살포를 계속하여 제안한 쪽에서 깨버리는 일이 벌어진 것이다.

고위급 회담은 남측보단 북측이 더 다급했을지도 모른다.

탈북단체가 주축이 된 이들 단체는 운영자금을 확보하기 위해 공개적으로 했다고 실토했다.

우리나라엔 시민단체들이 너무 많다. 설립제한이 없기 때문일 것이다. 이들 시민단체의 속을 들여다보면 축적된 운영자금이나 재산이 없이 그때그때 회원사의 지원금이나 자치단체의 보조금으로 운영되고 있다. 자치단체 예산심의 때가 되면 단체장들은 한 푼이라도 더 배정받기 위해 문턱이 닳도록 예산부서를 들락거려야 한다. 자금 마련을 위해 편법을 동원할 때도 있다. 법규를 위반했거나 시민 생활에 불편을 주는 업소를 찾아 눈감아주는 대가로 금품을 요구하기도 한다.

필자도 많은 시민단체의 대표를 맡아 보았고, 지금도 일부 단체의 운영을 맡고 있다. 회원사들은 스스로 자금준비는 하지 않고 책임자에게 자금을 마련하도록 압력을 가하기도 한다. 때로는 이권 운동을 하는 경우도 있다.

설립과 해체에 아무런 제한이 없어 발생하는 사회단체의 난립을 막을 제도적 장치가 필요하다. 유사 목적으로 조직된 단체들의 통폐합도 필요하다. 이들을 관리할 법이 필요하다면 국회에서 법을 제정할 필요가 있다.

국가와 사회에 봉사하기 위한 단체도 있다. 국익을 위해 국, 내외에서 활동하는 단체도 있다. 분야별로 꼭 필요한 단체는 적극 지원하고 그들의 활동이 시민 생활에 불편을 주거나 자치단체 예산만 갉아먹는 단체라면 과감히 도태시켜야 한다.

자유롭게 설립이 가능한 시민단체의 설립 운영을 관리 감독할 수 있도록 제도를 보완해야 할 것이다.

2014년 11월 07일

34 건강관리의 오해와 진실

가을이 늦어지면서 날씨의 변화가 심하다. 감기 조심할 때다. 사람에 따라 체온이 다르다. 평균체온은 36℃ 내외이지만 운동을 하면 체온이 상승한다. 그 외에도 바깥 날씨나 섭취음식에 따라 약간의 온도 차가 있을 수 있다. 체온이 1℃ 이상 내려가면 암세포의 활동이 활발해져 각종 암으로 자라게 된다. 그러니 체온 조절은 곧 암을 예방하는 길이 된다. 한겨울에도 윗옷을 벗고 건강을 자랑하는 사람이 있다. 목욕탕에서 찬물에 오래 몸을 담그는 이도 있다. 그런가 하면 한겨울에도 내의를 입지 않는 사람이 많다.

정부에서 내의 입기 캠페인을 벌일 때도 있는데 전력이 부족할 때 캠페인을 벌이는데 단순히 부족한 전력 때문에 하는 행사로 국민의 오해를 살 때가 있다. 에너지절약도 할 겸 건강관리를 하도록 홍보하면 캠페인 효과가 클 것이다. 본격적인 겨울이 되기 전에 체온관리는 물론 거실이며 사무실의 난로 준비 등 보온 시설을 할 때다. 찬바람이 들어오는 곳을 모두 막아 난방비도 아끼고 정상체온을 유지하여 걸렸다 하면 죽는 무서운 암도 예방하도록 해야겠다.

내 몸은 내가 알아서 챙기는데 "웬 잔소리?"라고 비아냥거릴지 모르지만 요즘 유행어로 잔소리도 골든타임이 있다. 겨울이 오기 전에 암세포가 활동을 시작하기 전에 미리미리 속내의 챙겨놓고 문풍지 준비하고 기온이 낮은 아침에 두꺼운 옷, 기온이 오르는 한낮엔 얇은 옷 갈아입는 습관 만들기를 시행해야 한다. 수시로 내 몸의 온도를 재보고 평균온도와 큰 차이가 없는지 확인하는 습관도 암을 예방하는 길이다.

발병 후 큰 병원 찾아다니고 약 먹고 주사 맞을 생각하기보다는 미리미리 체온관리 잘하고 영양섭취 충분히 하여 내 몸의 면역력을 높이는 데 힘쓸 때다.

직장에서는 매년 의무적으로 건강검진을 하고 있다.

필자의 회사 직원들도 건강검진을 시행했다. 그런데 황당하게도 개인의 건강상태는 본인만 알아야 한다면서 회사엔 결과를 알려주지 않고 본인에게만 직접 통보하고 있었다. 검진기관의 잘못된 판단인지 정부의 잘못된 지침인지는 확인하지 못했으나 직원을 관리하는 회사도 직원의 건강상태를 알아야 회사 차원의 건강관리는 물론 개인마다 갖고 있는 질병에 대해 조언을 할 수 있다. 병은 널리 알려야 많은 처방전이 들어오고 그 많은 처방전을 분석하여 합리적인 건강관리를 해야 한다. 직장에서는 근로자의 건강보험료 1/2을 부담하고 있다. 개인의 건강상태를 회사가 몰라야 한다면 건강보험료를 회사가 부담할 이유도 없어진다.

'건강은 건강할 때!' 나의 건강은 나만의 문제가 아니고, 나와 가족, 그리고 소속단체가 공동 관리해야 모든 사람이 건강하게 직장생활을 할 수 있고 안정된 가정을 만들 수 있다는 사실을 관련 병원이나 회사가 알고 실천해야 할 것이다.

2014년 10월 31일

내가 헛되이 보낸 오늘 하루는 어제 죽어간 이들이 그토록 바라던 하루이다.
단 하루면 인간적인 모든 것을 멸망시킬 수 있고 다시 소생시킬 수도 있다.

– 소포클레스

35 균형 잃지 않는 정책

세월호 참사가 난지도 6개월이 지났지만 290여 명의 희생자 중 10명은 아직도 시신을 인양하지 못하고 있다. 대형여객선이 침몰하는 사고는 드문 일이다. 세월호 같은 큰 배가 갑자기 침몰한 건 조타수가 갑자기 방향을 바꾸는 순간 균형을 잃었기 때문이다.

배 밑에 균형수(바닥짐)가 있어 한쪽으로 기울어졌다가도 바로 원상태로 돌아가야 하는데 이 배는 균형수를 다 채우지 않고 대신 화물을 더 많이 선적하여 발생한 사고다.

균형수란 배 밑에 돌이나 물을 채워 심한 파도에 배가 한쪽으로 기울었다가도 바로 서는 역할을 할 수 있도록 무게의 중심을 배 밑에서 잡아주는 바닥짐이다. 세월호는 균형수를 적게 채우는 대신 화물을 더 많이 적재하여 운송 수입을 늘리는 편법 운항을 해왔다.

국가정책도 균형을 잃으면 위험하다.

이명박 정권은 4대강 사업에 국가재정을 집중적으로 투입하여 균형을 잃었다. 그 결과 경기가 침체하고 일자리가 없어져 실업대란 중이다. 현 정권에선 복지 분야에 지나치게 집중되어 불만의 소리가 나오고 있다.

복지는 모든 사람, 모든 계층이 좋아하는 정책이다. 그러나 장기적인 경기침체로 세수가 목표치의 57%밖에 안 되는데 빚을 내어 복지지출을 늘리는 건 대단히 위험한 정책이다.

나라 경제가 정상적으로 돌아갈 정도의 복지지출이 필요하다. 공약을 지키는데 만 신경 쓰다 보면 지속하는 침체의 늪에서 헤어날 수 없는 상황이 될 수도 있다.

일부 경제전문가들은 제2의 IMF가 곧 온다는 분석까지 내놓고 있다. 일시적으로 복지를 축소하는 한이 있어도 경기침체를 그대로 보고만 있을 수는 없다. 국민 모두가 허리띠 졸라매고 내가 받은 지원금을 반납하거나 줄여달라고 해야 하겠다. 일부이기는 하지만 돈 많은 사람, 살만한 사람들까지 재산 빼돌리고 복지기금 타 쓰는 사례까지 있다니 개탄할 일이다.

담당 공직자들은 수혜자의 기준을 더 엄격히 적용하여 혈세가 몰지각한 자들에게 흘러들어 가지 않도록 해야 한다.

2014년 10월 24일

36 말로 주고 되로 받는 역발상

현대자동차 정몽구 회장이 한전 터를 10조가 넘는 금액으로 매입하는 것을 보고 모두 놀랬다. '5조 원 이상 더 써낸 것은 실수다, '아니다. 개발 후 가치는 그보다 훨씬 높을 수 있으니 통 큰 결정이다, 등 투자판단에 대한 우려와 기대가 교차하고 있다. 그 후 현대차의 주가가 연일 떨어지고 있으니 현재로썬 실패한 투자로 비칠 수밖에 없다. 정몽구 회장은 일본의 도요타시나 독일의 슈투트가르트시와 같은 현대자동차타운을 꿈꾸고 있다. 그러니 그 결과는 10년 후 즘 나타날 것이다.

필자는 10여 년 전 미국의 사막지대를 여행했다. 그 당시의 생각은 '왜 부자나라에서 적은 비용으로 할 수 있는 에너지 개발을 못 하고 저렇게 방치하고 있을까?'였다.

가이드의 설명은 달랐다.

미국의 지도자와 재벌들은 곧 에너지자원이 고갈될 것에 대비하여 미국에 있는 에너지자원은 손대지 않고 해외에 나가서 비싼 값에 에너지를 확보해 두는 작전이라 했다.

그 후 10년이 지난 지금 러시아가 천연가스를 무기로 중앙아시아와 유럽을 지배하려 하니까 갑자기 셰일가스 개발을 시작하는 최고의 역발상 전략을 구사하고 있다.

두 사례 모두 말로 주고 되로 받는 역발상 전략이라 할 수 있을 것이다.

현재 남북 간에 고위급회담을 위한 사전접촉이 활발히 이루어지고 있다. 국민은 의아해하고 있다.

고위사절단을 보내면서 바다에서 도발하고 하늘 높이 떠 있는 풍선을 향해 고사총을 쏴대며 남쪽을 당황스럽게 하고 있다. 속내는 뻔하다. 더 많은 지원을 받기 위한 되로 주고 말로 받기 위한 술책이다. 이럴 때 그들을 향해 할 수 있는 역발상 작전을 제안한다.

먹을 것이 부족하고 시설재가 부족한 북쪽과의 협상에서 말로 주고 되로 받는 작전을 쓰라는 것이다.

그들이 필요한 것은 당장 먹을 쌀과 각종 보수에 필요한 시멘트 그리고 내년 농사를 대비한 비료이다. 당장 필요한 것부터 넉넉히 대주고 그 대가를 희토류 등 지하자원 개발권이나 바닷속에 매장되어 있는 석유 시추권 등 당장은 가치가 확인되지 않은 자원을 싼값에 확보하는 것이다. 먼 훗날 그 자원들을 활용하여 고부가가치 제품을 만들고 전량수입에 의존하는 에너지를 자체개발하여 확보할 수 있다면 말로 주고 되로 받아도 괜찮은 장사가 될 것이다.

서로 간에 콩이냐 팥이냐 따지면서 기 싸움으로 세월 보내지 말고 당장은 우리 쪽이 손해 보는 듯해야 그들이 순순히 응할 것이다.

서로 간에 이익이 없으면 협상은 성사될 수 없다. 북쪽은 당장 이익이 필요하고 남쪽은 당장 손해가 있어도 불안한 대치상태를 완화하여 국민이 안전하게 생활할 수 있고 외국인의 투자가 활성화되는 더 큰 효과 외에도 10년 후 개발이익이 확대되어 말로 주고 가마나 섬으로 받는 결과가 될 수도 있다. 되로 주고 말로 받으려는 보통사람들의 사고방식으론 통 큰 협상이나 통 큰 사업을 할 수 없다.

2014년 10월 17일

변명 중에서도 가장 어리석고 못난 변명은 "시간이 없어서"라는 변명이다.
- 에디슨

37 3050클럽과 빈곤시민

　내년(2015)엔 우리나라 국민소득(GNI)이 3만 불이 넘는다고 한다. 세계의 245개(국제연합가입국은 192개국) 나라 중. 인구 5,000만 명 이상이고 1인당 국민소득 3만 불을 넘는 나라는 미국, 영국, 독일, 일본, 프랑스, 이탈리아, 한국뿐이다.

　이들 7개국을 3050클럽국이라고 하고 경제 대국으로 부른다. 땅덩어리만 따지면 중국, 인도, 러시아, 호주 등 대국이 있고, 군사력으로 보면 미국, 러시아, 중국이 있고, 국민소득만 다지면 룩셈부르크(11만 달러), 카타르(10만), 노르웨이(10만), 스위스(8만) 등이 있지만, 인구수가 아주 적은 나라들이라 국민총소득(GDP)으로 볼 때는 보잘것없는 나라들이다.

　세계 7대 경제대국이라니 놀랍지만, 과연 국민이 공감할 수 있을지 의문이다. 우리 스스로는 선진국이 아니라고들 하지만 세계 여러 나라에서는 우리나라를 선진국으로 분류한다. 그것도 잘 믿기지 않는 이야기이다. 경제대국의 기준이 모호하기 때문이고 선진국의 기준도 모호하기 때문이다.

과거엔 없었거나 있어도 모르고 살았는데 최근에 각 분야마다 인증 바람이 몰아치고 있다. 모든 분야에서 기준치가 정해지고 그 기준치에 들어가지 않으면 원하는 것을 이룰 수 없다. 학교마다 평가 기준에 맞추기 위해 노력하고 있다. 회사들도 각종 인증을 확보하지 못하면 사업을 할 수 없을 정도로 규정이 까다로워지고 있다. 방만하게 운영되던 정부 산하기관과 지방자치단체도 기준에 맞게 조정 중이다. 나날이 달라지는 환경기준에 적응하려고 노력하느라 우리의 현 위치를 모르고 있었다.

우리나라는 세계 7대 경제대국이고 선진국이 되었지만, 국민 특히 빈곤시민에겐 그림의 떡에 불과하다.

박근혜 정부 들어서서 특히 눈에 띄는 현상이 복지정책이다. 극심한 논란 끝에 무상급식, 무상보육이 시행되고 기초연금에 이어 노령연금이 시행하고 있다. 그러나 충분한 예산도 없이 시행하다 보니 여기저기에서 문제점이 나타나고 있다. 장기간의 경기침체로 올해도 세수 목표의 56%밖에 걷지 못하였다는 보도가 있다.

예산집행은 세수확보가 기본인데 목표에 한참 미달하는 자금을 모두 복지에 쏟아 붓고 있는 셈이다. 지자체마다 아우성이다. 공무원들 월급도 못 주는 사태가 벌어질 수 있다. IMF 때 기업들이 도산하고 국민은 장롱 속의 금붙이까지 들고 나와 위기를 면하느라 허리띠 졸라매고 직장을 잃는 아픔을 겪었다. 그런데 현 정권 말 또는 다음 정권 초에 제2 IMF가 온다는 보고서가 나올 정도로 심히 걱정되는 예측들이 나오고 있다. 이런 와중에 세계 7대 경제대국을 노래하고 국민소득 3만 불을 외치며 즐길 수 있겠는가?

국민소득 3만 불이면 월 250만 원을 벌어야 한다. 부양가족(노동력이 없거나 직장이 없는 어린이, 학생, 노인)이 있다면 그 수만큼 더 벌어야 평균소득 250만 원이 되는 것이다.

국민 각자 자기 소득을 따져보고 평균소득 연 3만 불에 얼마나 가까운지 확인하고 그 수준을 벌도록 노력하여야 한다.

경제시민 인증제가 필요하다(평균소득에 접근한 가구와 개인에게 부여하는 자기평가 기준).

정부는 평균소득에 한참 못 미치는 빈곤 서민층이 늘어나지 않도록 다양한 일자리를 만들어야 한다.

하루 2~3만 원이라도 벌 수 있는 일자리를 만들어 적지만 남녀노소 모두 소득이 발생할 수 있도록 하고 언론을 총동원하여 작은 일자리에 만족할 수 있는 분위기를 조성해야 한다.

전업주부도 일터로 나가야 하고 고령자들도 모두 일터로 나가야 한다. 고급 일자리는 없다. 눈높이를 낮춰야 한다. 최저임금을 낮춰 잡고 근로자의 지나친 임금투쟁도 자제해야 한다.

그렇다면 30~50클럽에서도 상위를 차지하게 되고, 세계가 부러워하는 경제대국이 될 수 있을 것이다.

2014년 10월 09일

세월은 본래 길건만 바쁜 자는 스스로 줄이고 천지는 본래 넓건만
천한 자는 스스로 좁히며 바람과 꽃과 눈과 달은 본래 한가한 것이건만
악착같은 자는 스스로 분주하니라.

— 채근담

38 통일된 응급전화 번호가 있어야

지구촌 어디에서나 화재, 교통(육상, 해상, 공중), 조난, 홍수, 해일, 지진 등 각종 사고가 끊일 날이 없다. 언제, 어디서, 어떤 사고가 발생할지 정확히 알고 대처할 능력을 갖춘 사람은 없다.

국가도 마찬가지이다.

사고의 유형별 사고 발생을 최소화하고 발생 시 응급대응 능력을 길러야 한다. 장비보완, 제도개선, 구조인력 및 복구인력의 훈련을 지속하는 노력이 필요하다. 사고 발생을 신속히 연락할 수 있는 공통된 전화번호가 있어야 한다. 우리나라엔 각종 신고전화 번호가 12개나 있다. 가장 많이 알고 있는 번호가 119번이다. 불이 났을 때 알리는 번호이지만 응급환자가 발생해도 119번을 누르면 신속히 달려와 환자 수송을 해준다. 다음으로 많이 알고 있는 번호가 112이다. 범죄 신고용 전화지만 교통사고나 기타 긴급사고가 발생하면 누르는 번호이다. 그 외에도 간첩신고 113, 학교폭력신고 117, 사이

버테러신고 118, 해양신고 122, 밀수신고 125, 마약사범신고 127, 환경오염신고 128, 실종신고 182 등 수많은 신고 전화가 있어도 이를 잘 알고 활용하는 사람은 없다. 아까운 예산만 낭비하고 있을 뿐 사고 발생 시 신속하게 대처할 수 있는 시스템이 아니다.

2014. 5. 2일 칼럼에서 이와 같은 유명무실한 신고번호를 119나 112로 통일하자는 칼럼을 쓴 바 있다.

정부에서도 신고번호 통일의 필요성은 인정하면서도 실행에 옮기지 못하고 있다. 담당 부서에서는 신속히 신고전화를 일원화하여 어린이부터 어른까지 재난 발생 시 즉시 신고할 수 있는 통합시스템을 구축해야 한다.

참고로 각 나라에서 쓰고 있는 응급전화 번호를 소개한다.

미국을 비롯한 중남미의 많은 나라에서는 911(9.11테러 이전엔 999번)을 사용하고 있다. 세계에서 가장 많이 사용되는 번호는 112인데 독일, 터키, 러시아 등 주로 유럽 및 인접국에서 많이 쓰는 통일된 번호이다.

119를 쓰는 나라도 많다.

119가 됐던 112가 됐던 통일된 번호를 모든 국민이 알고 신속히 알리고 해당 부서에서는 5분대기조 같은 신속대응팀을 가동하여 각종 재해 발생 시 인명과 재산의 피해를 최소화하도록 해야 한다.

2014년 10월 02일

39 건강한 백 세 살기

노령화 추세가 세계에서 제일 높다고 걱정들을 하면서도 100세 시대를 기정사실로 하는 분위기이다. 보험회사가 앞장서서 100세 보험을 출시하며 100세가 대세임을 홍보하고 있다.

그러나 현재 70 넘은 당사자들은 아무런 준비도 없이 100세를 맞는다는 것이 달갑기는커녕 불안하기만 하다.

과연 내가 100세를 산다면 건강이 따라줄까!, '생활비는 누가 될 것인가?, '배우자도 중도탈락 없이 같이 갈 수 있을까?, 등 걱정이 앞선다. 너무 빨리 찾아왔기 때문에 겪는 정신적 혼란이다. 그러나 어쩌겠는가. 대세는 이미 기울었으니 말이다. 늦었지만 지금부터라도 100세를 준비해야 한다. 건강부터 챙겨야 한다. 필자는 병원 신세를 별로 지지 않아 잘 모르지만, 병원마다 초만원이란 말을 자주 듣는다. 중병으로 시한부 삶을 살면서도 수술 일자를 받지 못해 안달하고 있는 것도 보고 있다.

못 먹어서 얼굴이 누렇게 뜨는 현상을 부황났다고 하는데 환자가 없어 의사가 부황이라도 나는 세상이 된다면 얼마나 좋을까! 그러나 그럴 확률은 영원히 "0"일 것이다. 밀려드는 환자를 감당 못 해 부황난다면 모를까…….

지속되는 경기침체기에도 대형 병원들의 초호황은 계속될 것이다.

나의 건강을 의사에게 맡겨서는 안 된다. 스스로 건강을 챙기고 관리해야 한다. 필자의 회사엔 고객이 많이 찾아오는 편이다.

필자는 찾아다니는 사업을 하지 않는다. 고객이 찾아오도록 하는 사업은 품질이 뛰어나고 가격이 저렴해야 하는 등 찾아오는 회사에 주문하는 것보다 월등히 좋은 조건을 갖춰야한다. 오는 고객께는 건강봉을 챙겨주고 사용요령을 알려주는 것이 필자의 부업이 되었다. 아침 먹고 1,000보, 점심 먹고 1,000보, 저녁 먹고 1,000보 외에 저녁 식사 후 누워서 TV 보지 말고 건강봉으로 30분간 온몸을 마사지하라는 것이다. 발끝부터 머리끝까지 부위마다 30~100회씩 문지르고 두드리는 운동을 지속하면 장운동이 활발해지고 피돌기도 잘되고, 근육이 튼튼해져 각종 심혈관 질환을 예방할 수 있고 면역력이 강해져서 질병에 감염되지 않기 때문이다. 물건도 팔고, 건강도 팔고 있으니 일석이조인 셈이다. 되는대로 살면서 100살을 기대하는 것은 과욕이다. "병석에 누워" 100살을 산다는 것은 고통이고 일찍 죽는 것만도 못한 삶이다. 스스로 움직일 수 있어야 하고, 자기 일은 자기가 할 수 있어야 하고, 요양원에 들어가 감옥 아닌 감옥살이를 해서도 안 된다. 자식들에게 누 끼치면서 100살을 사는 것은 고통이고 추한 인생일 뿐이다. 100살 삶의 기본은 건강이다. 건강한 몸만으로도 부족하다. 돈이 있어야 한다. 노후 대비는 미리미리 적은 돈이라도 꾸준히 모아두어야 말년에 고통받지 않고 자식들에게도 대우받으며 살다가는 길일 것이다.

2014년 09월 26일

시간의 참된 가치를 알라. 그것을 붙잡아라. 억류하라.
그리고 그 순간순간을 즐겨라.
게을리 하지 말며, 해이해지지 말며, 우물거리지 마라.
오늘 할 수 있는 일을 내일까지 미루지 마라.

– 체스터필드

40 1초 경영 효과

필자는 사업 초기 사업장이 전국에 산재해서 대중교통으론 현장을 관리할 수 없었다. 33년간 자가용 타고 온종일 돌아다녀야 했다. 그러다 보니 현장을 가지 않고 사무실만 지키는 지금도 대중교통을 이용하지 않는다. 대중교통으론 시간 관리가 제대로 되지 않기 때문이다.

기업은 시간 싸움이다.

1995년부터 전사적으로 벌리는 캠페인이 시간 관리다.

1초당 임금을 계산하여 발표하고 '1초라도 아껴라!' '지연은 적이다' '시간 단축 못 하면 일 아니다.' 등의 구호도 거부감 없이 받아들이고 있다. 근로자의 편에선 달갑지 않은 구호이다. 일반인들에게 1초는 아무것도 아니다. 2발짝도 안 되는 시간이지만 제조건설회사에서는 무시 못 하는 시간이다. 1초의 중요성을 지속해서 강조하며 현장마다 1시간 단축을 요청하고 있다. 1시간씩 단축하려면 꾸준한 기술개발, 장비확보, 보조장비 제작, 근로자 훈련 등 피나는 노력이 있어야 가능하다.

한 현장당 하루 1시간 단축이면 약 30만 원의 인건비가 절약되고, 발주자로부터는 특별한 신용을 확보할 수 있다. 필자가 현장에 직접 나갈 땐 1주일 할 일을 3일에 해낸 일도 있다. 발주자 측은 상상할 수 없는 속도감에 놀라고, 다음 발주도 경쟁 없이 이어진다. 이처럼 시간 관리는 경쟁력의 원천이고 이익창출의 원천이며 신용확보, 수주량 확보 등 경영의 핵심이다.

초관리 운동을 시작할 때, 직원들의 불만이 많았다. 그러나 지금은 몸에 배어 거부감도 없고 결근, 지각자도 없다.

초관리 성과에 따른 성과급도 많이 나간다. 조기출근 수당, 마하수당(하루 시공 할 금액을 초과했을 때 현장별로 8만 원~50만 원까지) 등으로 성과에 대한 보답도 확실해야 가능했다. 근로자가 초관리에 익숙해지면 안전사고는 줄어들고 일의 강도도 약해져 피로도가 낮아지는 역발상적 효과가 있다.

필자도 초관리가 몸에 배어 이젠 사적 모임에서도 끝까지 자리 지키고 앉아 있지 못한다. 나를 아는 모든 사람(친구, 업자)들의 이해와 협조도 자연스럽게 이루어지고 있다.

사람마다 시간이 너무 빨리 지나간다고들 하지만 빨리 지나가는 시간을 효과적으로 활용하려는 노력은 아직 나타나지 않는 것이 현실이다.

하루 24시간 중 8시간은 잠을 자야하고 8시간은 식사, 휴식, 생리처리 및 건강관리에 활용할 수밖에 없다. 일할 수 있는 8시간을 최대한 효과적으로 쪼개어 활용해야 한다. 경쟁에서 뒤지지 않는 방법으로 초관리 기법을 잘 활용해 보도록 권고하고 싶다.

2014년 09월 19일

시간의 걸음걸이에는 세 가지가 있다.
미래는 주저하면서 다가오고,
현재는 화살처럼 날아가고,
과거는 영원히 정지하고 있다.

— F. 실러

41 CEO는 자리 지키는 것이 정답이다

· 얼마 전에 ○군사령관(대장)이 강제 전역되었다.

대장까지 승진하려면 남다른 노력과 능력 그리고 통솔력이 있어야 가능하다. 세 가지 조건을 다 갖춰도 그 자리는 '하늘의 별 따기'라는 자리다.

그런 자리까지 오른 사람이 일시적으로 자기 자리를 지키지 않고 부대를 이탈하여 사적인 일(강연)을 했고 끝난 후 술을 마셨다가 문제가 되어 옷을 벗어야 했다. 하늘에서 따온 별 4개가 일시에 땅에 떨어졌으니 당사자의 측면에서 보면 통곡할 일이다.

CEO(최고책임자)의 자리는 그만큼 중요하다. 회사에서 사장이 없어도 잘 돌아갈 때가 있다. 그렇다고 사장이 자리를 지키지 않고 각종 모임에 참여하고 때론 정치판까지 기웃거리는 것을 수도 없이 많이 보게 된다.

사고 없이 잘 돌아가면 다행이지만 불의의 사고라도 나면 큰 낭패가 된다.

작업장에서는 아무리 철저히 준비하고 관리해도 잔 사고가 발생한다. 많은 인원이 많은 기계, 장비를 운용하고 제품을 운반하는 과정에서 잔 사고가 나게 마련이다.

잔 사고가 났을 때 재빨리 대처하여 수습하면 말 그대로 '잔 사고'로 끝나지만, 제때 신속히 대처하지 못하면 큰 사고로 번질 수가 있다.

이때 CEO의 신속한 판단, 신속한 대처, 집중적인 인력, 장비 투입으로 해결해야 한다. 그래서 CEO는 회사가 잘 안정적으로 돌아갈 때도 자리를 지켜야 한다.

서두에 군 최고사령관의 예를 들었지만 원래 군대는 전쟁을 예방하는 것이 목적이다. 만일에 전쟁이 발발한다면 조기에 적을 막아내는 것이 군의 임무이다. 6·25전쟁 이후 약 60년 동안 전쟁이 없었다.

옛날 같으면 '태평성대'를 노래 부르며 잔치판을 벌려도 좋은 시기가 지속하고 있다. 그래도 군은 늘 제자리를 지키고 있어야 한다. 그래야 사고도 막고, 전쟁도 막아 국민이 안심하고 생업에만 전념할 수 있게 되는 것이다. 그래서 자리를 뜬 대장의 계급장이 땅으로 떨어진 것이다.

가정에서 조그만 일이 벌어져도 가장이 있으면 가족 모두 안도한다.

회사에서 사장이 자리를 지키고 있으면 사원 모두 안정되어 사고가 나지 않는다. CEO는 자리만 지켜도 회사가 잘 돌아간다.

필자의 사무실엔 각각 작업장을 비추는 모니터가 24개가 있어 작업장의 상황을 보고 실시간으로 보고 있다.

사실 모니터를 보지 않고 있어도 자리만 지키면 되게 되어 있다.

세월호 사고 난 지 5개월이 되었어도 뭐하나 처리된 것이 없다. 선장이 자리만 지켰어도 300명의 목숨을 수장시키는 초대형 사고는 막았을 텐데 선장이 자리를 지키지 않아 발생한 대형 참사다.

전국에서 각 직장마다 CEO가 한눈팔지 않고 밖으로 돌지 않고 자리를 지킨다면 매일 발생하는 크고 작은 사고를 많이 막을 수 있다는 것을 명심해야 할 것이다.

2014년 09월 12일

우리는 일 년 후면 다 잊어버릴 슬픔을 간직하느라고 무엇과도 바꿀 수 없는 소중한 시간을 버리고 있다. 소심하게 굴기에 인생은 너무나 짧다.

– 카네기

42 추석 덕담 미래를 위한 제언

사람들은 최근에 있었던 일을 현재의 일로 생각한다. 내일 이후 가까운 장래에 있을 일까지도 현재에 포함해서 생각하고 행동하려 한다.

그러나 지금까지 있었던 일들은 모두 과거이다.

방금 있었던 일도 5000년 전의 일도 4억 년 전의 일도 모두 과거이다.

앞으로 있을 일은 10초 후도 -내년의 일도 -10년 후에 나타날 일도 사실은 모두 미래다.

엄격히 말하면 현재는 찰나에 불과하다.

우리 머릿속엔 과거로 가득 차있다. 어릴 때부터 지금까지 배운 것, 경험한 것, 당한 것 내가 누군가에게 한 잘못된 것까지 모두 가득 차 있다. 앞으로 닥칠 미래를 위해 과거의 기억들을 털어버리고 머리를 비워둬야 한다. 더 나은 미래를 준비하는 일은 어렵지 않다. 각자 처한 위치에서 조금씩 준비하면 된다. 내일모레가 추석인데 추석에 모인 가족, 친척들과의 만

남에서 할 수 있는 덕담 하나!

음주는 석 잔으로 자제하고 허풍허세를 부려서는 안 된다. 허풍, 허세는 자칫 빚이 늘어나거나 미래를 준비할 기회를 놓치기 때문이다.

가족 중 입시지옥에 빠져 허우적거리는 학생이 있다면 너무 성적에 얽매이지 말고 '특기나 가능성을 찾아보아라!'라는 덕담으로 강박관념에서 벗어 날 수 있도록 하고, 생활고를 겪는 친인척이 있다면 그는 수입과 지출의 관리를 잘못한 경우가 많으니 절약하는 지혜를 알려주는 것이 그의 미래를 열어주는 길이 될 것이다.

절약하는 지혜는 간단하다. 국민소득 25,000불이 넘는 나라에서 먹고사는 문제는 별것 아니다.

막노동 현장에서 하루만 일해도 1주일은 살 수 있는 나라이다. 하루 벌어 하루에 다 쓰지 않고, 조금씩 모아두면 종자돈이 된다는 사실을 깨닫게 해줘야 미래가 있을 것이다.

70넘은 노인들은 스스로 몸(건강)관리를 하는 것이 자식들의 미래를 열어주고 편안한 노후를 잘 보내는 길이 될 것이다. 자식들에겐 '사고치지 말고 사고 당하지 않는 것이 효도다.'라는 역발상적 덕담으로 자녀들의 마음을 풀어주는 어른이 되면 좋겠다.

모두 각자의 위치에서 미래를 맞이하는 준비를 해야 한다.

큰 그림, 큰 꿈보다 작은 그림, 작은 꿈을 꾸고 실천하는 연습이 좋은 미래를 여는 기초가 될 것이다.

2014년 09월 5일

일하는 시간과 노는 시간을 뚜렷이 구분하라.
시간의 중요성을 이해하고 매순간을 즐겁게 보내고 유용하게 활용하라.
그러면 젊은 날은 유쾌함으로 가득찰 것이고 늙어서도 후회할 일이 적어질 것이며
비록 가난할 때라도 인생을 아름답게 살아갈 수 있다.

— 루이사 메이 올콧

43 영원한 강자와 약자는 없다

통신수단이 발달되지 않았던 60년대엔 가정에 백색전화한 대만 있어도 동네사람들 모두 부러워했다. 그 후 청색전화가 보급되면서 통신수단이 급속도로 발달하여 들고 다니는 핸드폰이 등장하였다. 들고 다니기도 힘들 정도로 묵직한 핸드폰이었다. 점차 소형경량화 경쟁이 전 세계적으로 확산되면서 노키아가 핸드폰 분야 최강자로 등장하였으나 애플과 삼성의 추격을 따돌리지 못하고 모토로라에 흡수되어 사실상 소멸하고 말았다.

세상은 늘 강자와 약자가 같이 살지만 강자에 의해 지배되고 있다.

사람마다 나름의 강점이 있다. 작은 모임이나 집단에선 목소리 큰 사람이 강자다. 그렇지만 무선 핸드마이크의 출현으로 강자로서의 위력은 제한적일 수밖에 없다.

일터에선 힘센 사람이 강자였지만 포클레인, 지게차, 크레인의 등장으로 단순 노동자로 전락하고 있다. 수업시간엔 선생님이 최강자지만 졸업 후 그 제자들이 강자의 위치를 차지하게 된다.

국가와 국가 간에도 강자는 계속 바뀐다. 18세기 영국은 '해가지지 않는 나라'였다. 전 세계에 식민지를 개척하여 세계 최강자로 군림하였고, 스페인도 무적함대를 자랑하며 세계 지배의 대열에 서서 영국과 대등한 위치에 있었지만 지금은 디폴트 위기에 처한 초라한 나라로 전락하고 말았다.

동물의 세계를 호령하던 호랑이는 동물원에서 관상동물로 전락하고 그 자리엔 호랑이 먹이에 불과했던 멧돼지가 크게 번식하여 간간이 인간을 해칠 정도로 동물세계의 강자가 되었다.

모든 분야에서 강자와 약자가 공존하면서도 최강자로 등극하기 위한 치열한 경쟁이 지속되고 있다.

강자가 되면 자만해지고 흥청망청 써대다가 약자로 전락하고 약자는 이를 악물고 노력하여 강자의 자리를 뺐는데 성공하기도 한다.

각자 가지고 있는 강점을 꾸준히 갈고 닦으면 그 분야의 최강자가 될 수 있다.

경쟁이 치열한 현대사회에서는 강자만이 살아남을 수 있다.

누구나 강자가 될 수 있는 강점을 갖고 있다. 다만 강자가 되기 위한 노력을 포기하거나 게을리 하면서 조상 원망하고 사회 원망하고 나라 원망하다 세월 다보내고 세상을 뜬다.

내가 갖고 있는 소질을 최대한 살려서 강자가 되고 가난한 사람, 불구가 되어 스스로 살아갈 수 없는 사람들을 도우며 살아가는 노력과 지혜가 필요하다.

2014년 08월 29일

지나가는 시간이란 잃어버린 시간이며, 게으름과 무기력한 시간이며,
몇 번이고 맹세를 해도 지키지 못하는 시간이며,
때때로 이사를 하고 끊임없이 돈을 구하는데 분주한 시간이다.

— J.P. 사르트르

44 땅속 지도 작성도 급하다

석촌호수 주변에서 계속 나타나는 싱크홀이 시민들의 공포로 다가오고 있다. 싱크홀은 지하에 생긴 큰 공간(동공)을 덮고 있던 지표면이 지지력을 상실하여 갑자기 폭삭 주저앉으며 생긴 일종의 맨홀이다.

지하 동공이 발생하는 동공의 생성원인은 석회질 성분의 토사가 오랫동안 스며든 지하수나 빗물 등으로 인하여 녹아 없어져서 땅속에 공간이 만들어지는 현상으로 전 세계 곳곳에서 나타나는 일반적 현상이다.

그러나 석촌호수 주변의 동공과 싱크홀은 지하철 공사로 발생한 것으로 판단하고 있으나 땅굴을 연구하는 일부 단체에서는 북한에서 파내려 온 땅굴이라고 단정적으로 말하기도 한다.

그렇다면 정부가 손 놓고 있겠는가?

현 정권은 보수정권이다. 안보를 가장 중시하는 정부가 모르는 체 덮어둘 성 싶은가? 사리를 분별할 수 없는 어린아이나 정신병자가 아닌 이상 땅굴이라 고집하는 일부 인사들의 말을 믿을 수는 없을 것이다.

참고로 땅굴이라 주장하는 사람들의 말을 빌리면 지금 발견된 4개의 땅굴 외에 20여 개가 더 있고, 휴전선 근처가 아닌 서울 한복판에 있다는 것이다.

믿기 힘든 이야기지만 정부는 관심을 갖고 땅굴탐사를 계속해야 할 것이다. 현재 주로 발견되는 싱크홀과 동공은 서울 시내가 대부분이지만 동공의 생성원인 중 지하철공사나 상하수도관, 송유관, 가스관, 통신시설 등 지하에 매립되는 시설물 등에서 발생한 인위적 동공으로 판단된다. 정부와 지자체 공동으로 조사단을 구성하여 지속적으로 관리해야 할 것이다.

일본은 이미 땅속지도를 모두 만들었고, 인도(보도)에 지하에 매설된 각종 시설을 일반인들도 알아볼 수 있게 표시해 놓고 있다.

우리도 땅속지도를 만들고 지하 시설물이 지나가는 동선표시를 해서 통행인들도 주의를 기울이고 사고가 발생했을 때 관리자들이 사고지점을 정확히 확인하여 신속하게 복구할 수 있도록 해야 할 것이다.

지상은 물론 하늘도 관리해야 하고 땅속도 바닷속도 관리하는 시스템이 필요한 세상이 되었다.

며칠 전 발표된 목포와 제주를 잇는 해저터널을 건설하는 데도 지하 및 해저지도가 꼭 필요하다.

일본은 섬나라의 약점을 보완하기 위해 일찍이 바다 밑을 샅샅이 훑고 있다. 대륙붕이 지나가는 자리를 모두 찾아 자기네 영토로 만들고 있다.

늦었지만 땅속, 바닷속을 제대로 알고 위험에 대비함은 물론 지하자원을 최대한으로 활용하는 지혜가 필요하다.

2014년 08월 22일

지금이야말로 일할 때다. 지금이야말로 싸울 때다.
지금이야말로 나를 더 훌륭한 사람으로 만들 때다.
오늘 그것을 못하면 내일 그것을 할 수 있는가.

– 토마스 아켐피스

45 교황 효과 후속 조치는

　프란체스코 교황이 방한하여 가난한 사람, 고통받는 사람, 소외된 사람에게 위로와 희망을 주고 있다. 특히 세월호 희생자와 유가족에겐 정부와 정치인들이 풀지 못한 한을 대리하여 풀어주니 크게 위안이 될 것이다.

　어려운 시기에 와서 돈 한 푼 안 들이고 많은 사람에게 위로와 희망을 준 프란체스코 교황에게 감사드린다.

　사람 사는 사회가 늘 공평한 건 아니다. 불평등은 언제나 있기 마련이다. 가난한 사람이 없는 사회는 없다. 다만 상대적으로 빈부의 격차가 심한 것이 문제인데 그들에게도 일시적이나마 위안이 되고 응어리진 마음을 풀 기회가 되어 다행이다.

　세월호 사고는 천재지변이 아니고, 단순한 교통도 아니고, 청해진해운만의 실수도 아니다.

　대한민국 전체가 안고 있는 부정부패 고리, 무사안일 행정, 적당주의 문화가 본질이다. 교황의 세월호 피해자에 대한 배

려가 가는 곳마다 있었던 것은 정부가 사후처리를 제대로 못
한 것을 교황이 대신해준 것이다. 정부와 최고 책임자는 가책
을 느끼고 특별법을 통하거나 일반행정을 통해서라도 그들의
한을 일부나마 풀어주는 노력이 하루빨리 나타나야 한다.

과거엔 한집에서 7~8명씩 아이를 낳아 길렀다. 성장 과정
에서 절반은 전염병이나 기타 사고로 일찍 죽었다. 나머지
3~4명의 자손이 있어 덜 원통하고 세월이 흘러가면서 잊을
수도 있었다.

그러나 지금은 다르다.

한 가정에서 하나가 보통이고 2~3명 자녀를 둔 집은 많지
않은 실정이다. 딱 하나가 있었는데 그가 죽었다면 어떻겠는
가? 우선 대가 끊어지고, 후계자가 없으니 희망이 없다. 당사
자가 아닌 제삼자가 생각해도 분을 참을 수 없는 일이다.

그런 의미에서 세월호 유가족에겐 특별한 조치와 예우가
필요한 것이다.

당파적 이해 따지면 안 되고 법과 원칙만 따지고 있어도 안
된다.

그렇기 때문에 특별이라는 수식어가 따라다니는 것이다.
이것저것, 요리조리 잴 필요가 없다. 이왕 터진 사고 한 번으
로 끝낼 사안이니 조속히, 그들의 마음 한구석이라도 응어리
가 풀어지도록 해야 한다.

적기에 나타난 교황님 덕분에 분위기는 많이 좋아졌다. 지

금부터는 대통령과 정치인들의 몫이다.

'따지지도 묻지도 말고' 그들의 통한을 풀어주는데 적극적으로 나서주길 바란다.

2014년 08월 16일

한가한 때 헛되이 세월을 보내지 않으면 다음 날 바쁠 때 쓰임이 있게 되고,
고요한 때에도 쉼이 없다면 다음날 활동할 때 도움이 되느니라.
남이 안 보는 곳에서도 속이거나 숨기지 않으면 여럿이 있는 곳에 나갔을 때
떳떳이 행동할 수 있느니라.

– 채근담

46 불경기엔 절약이 최고

일본은 20년간 불황을 겪고 있어도 국민생활이 파탄 났다는 말을 들을 수 없다. 국민의 절약정신 때문이다.

동네마다 100엔 샵이 있어 값싼 생필품을 저렴한 값으로 구입하고 아껴 쓴다.

우리나라도 불황이 지속되고 있다.

허리띠 졸라매고 씀씀이 줄이는 노력이 필요하다. 아파트 단지마다 재활용품 수집장이 있다. 쓸만한 것이 제법 많다. 버리는 것이라 외면하지 말고 쓸만한 것은 재활용하는 습관이 필요하다.

필자가 운영하는 연수원 겸 농장엔 모두 재활용품으로 채워져 있다. 주로 과일 채취, 상추, 쑥갓, 고추 등 반찬거리 채취용으로 제격이다.

비료를 줄 때도 좋고 닭 사료를 줄 때도 좋다. 가정마다 수입은 거의 한정되어 있다. 지출을 줄여야 한다.

꼭 써야 할 곳은 어쩔 수 없지만 줄일 수 있는 것은 모두 찾아 줄이는 지혜가 필요한 때다.

줄일 수 있는 것은 가정형편이나 회사형편에 따라 다르기 때문에 일일이 열거할 순 없다. 필자 회사에서 시행하고 있는 사례를 들어보면

① 회사 직영식당에 필요한 채소류는 대부분 직영농장에서 조달한다. 상추, 쑥갓, 아욱, 파, 양파, 마늘, 고추, 깻잎, 토마토 외에도 고구마 철, 감자 철, 철 따라 나는 부식, 곡식을 직영농장에서 조달하고 직접 재배가 불가능한 것도 산지에서 저렴하게 구입한다.

② 각 현장에서도 매일매일 절약사례를 보고하도록 제도화했다. 차량 이동 시 가장 싼 곳에서 주유하기, 같은 지역 같이 싣고 출발하기, 현장에 필요한 각종 자재는 본사에서 일괄 구입하기 등 금전적으로 절약하는 것은 물론, 작업시간 단축을 통한 인건비 절감, A/S, 재시공을 최대한 막아 공기(준공일) 단축으로 인한 경비절감 등은 가장 큰 절약사례로 평가하여 시상한다.

③ 매일 각 현장과 공장에서 이루어지는 절약사례를 금액으로 환산하면 하루 5만 원에서 50만 원까지 평균 최저 10만 원 이상을 절감할 수 있다. 1년간으로 환산하면 절약에 참여

하는 직원의 격려금을 제외하고도 대략 3,000만 원이 된다.

④ 정부와 자치단체에서도 과거 방만 경영으로 늘어난 부채 줄이기에 총력을 기울이고 있다.

⑤ 기초집단인 가정에서도 절약을 생활화하고 절약일지를 써서 매달에 분석하여 계획을 수정해나가야 할 것이다.

⑥ 개인별로 하루 5,000원 정도의 절약목표를 세우고 매일 통장에 넣되 그 절반을 통일기금으로 적립한다면 돈 때문에 통일 못 한다는 소리는 나지 않을 것이다. 그렇다면 최고의 애국은 곧 절약이다

2014년 08월 08일

한창때는 다시 오지 않고, 하루가 지나면 그 새벽은 다시 오지 않는다.
때가 되면 마땅히 스스로 공부에 힘써야 하며 세월은 사람을 기다리지 않는다.

— 도연명

47 노인의 기준 바꿔야

옛날에는 만60세가 되면 친인척은 물론 마을 사람 모두 초청하여 성대한 잔치를 할 정도로 60 넘기기가 쉽지 않았다.

삶의 질이 열악하고 의료시설이 갖추어지지 않았기 때문이다.

건강관리는 부자들이나 하는 정도였고 먹고 사는 일에 매달려 개인건강을 챙길 겨를이 없었다.

박정희 대통령 집권 이후 경제개발의 성공으로 가계소득이 늘어나고 상대적으로 여유가 생기면서 건강관리에 신경을 쓰기 시작한 지 20여 년 만에 평균수명이 80이 되고 앞으로 100세까지 살아야 하는 세상이 되었다.

그런데도 65세부터 노인이라고 하고 노인이 되면 하던 일도 그만둬야 하는 분위기가 형성된다. 국가에서도 65세를 노령연금 기준일로 잡아 올해부터 약 400만 명에게 최고 20만 원까지 연금을 지급하고 있다.

많이 받으면 받을수록 좋지만, 그 재원은 국민으로부터 나온다. 지나치게 증가하는 세금 때문에 중소기업 하기 힘든 것은 모두 아는 사실이다.

근로 인구는 점점 줄어들고 놀고먹는 고령 인구는 점점 늘어난다.

당장은 별문제 없겠지만 증가하기만 하는 노인들에게 지속적으로 연금을 지급할 수 없는 상황이 될 것이다.

연금지급 연령을 65세에서 70세로 올려야 한다.

노인의 기준을 65세가 아닌 70세로 바꾸면 된다. 대신 70세가 될 때까지 계속 근로할 수 있는 일자리를 만들어 주어야 한다.

노인 일자리가 쉽지는 않다. 대학을 나와도 일자리가 없어 모두 백수로 지내고 있는 터에 65세 이상 노인에게 일자리를 제공하라는 말이 공허하고 불합리하게 들릴 수도 있겠지만, 곧 다가올 현실을 조금 앞당겨 생각하는 것뿐이다.

지자체마다 도심 주변의 노는 땅을 임대하여 농작물 공동재배단지를 만들면 일자리가 크게 늘어날 것이다. 자기 먹을 것 스스로 재배하여 지출 줄이고, 건강도 챙기며, 재배에 참가하는 준 노인(65세~69세)들에겐 적당한 수당(근로장려금)을 지급한다면 건강도 챙기고, 가계지출도 줄이고, 부수입이 생겨 삶의 여유도 생기는 제도가 될 것이다. 정부와 자치단체에서 검토하여 시행했으면 좋을 것이다.

2014년 07월 31일

48 2014년 대한민국은 불신 시대

　세월호 참사와 유병언 변사(?) 사건으로 혼란과 불신의 늪에 빠져 허우적대고 있다. 앞으로도 얼마나 긴 시간 동안 논란이 지속할지 모른다.

　온 국민은 경찰도, 검찰도 믿지 못하고 있다. 과학수사기관도, 중간전달자인 언론의 발표도 믿고 싶지 않다.

　참으로 불행한 일이다.

　온 국민의 가슴 속은 물론 뼛속까지 파고든 불신의 실타래가 어떻게 해야 풀릴 것인지 지금은 아무도 해법을 제시하지 못하고 있다.

　'세월이 약이다'라는 말처럼 이렇게 수개월이 흘러가거나 더 큰 사고가 터져야 국민의 뇌리에서 조금씩 조금씩 지워질 것이다.

　경찰과 검찰은 지금까지의 관행과 적당주의 다 털어버리고 지금부터라도 정신을 차려 맡은 임무(사건·사고 처리)를 하나하나 국민이 보고 수긍할 수 있도록 투명하고, 공정하게 그리고 신속히 처리하는 모습을 보여주어야 한다. 정부는 이번 사건의 책임자들을 엄히 처벌하고 시중에 유포하고 있는 두둔세력도 모두 잡아내야 한다.

국민도 사건·사고 터지면 경찰과 검찰 또는 담당 부서에서 하는 일에 색안경 끼고 의심부터 할 것이 아니라 개개인이 스스로 사고 터지지 않도록 각종 수칙을 지켜야 할 것이다.

사건·사고는 일반 국민이 내고 처리만 정부와 담당 부서에서 하는 것으로 생각하면 안 된다. 나부터 안전수칙을 생활의 기본으로 철저하게 지켜야 한다.

그리고 내 가족, 내 직장으로 확산시켜 나가야 안전한 나라, 안전한 사회에서 천수 누린 후 후손에게 안전한 나라를 가장 큰 유산인 것처럼 자랑스럽게 물려주고 떠나야 한다.

'안전은 안전할 때' 필자의 회사에 붙어있는 구호다. 사고 난 다음 수습 잘하는 해결사가 필요 없는 가정, 직장을 내가 앞장서서 만들어야 한다.

선진국, 선진시민답게 안전메뉴얼 대로 생활하는 새로운 생활습관 만들기에 앞장서는 계기가 되었으면 좋겠다.

○ '2014년 대한민국은 불신시대'를 털어버리고 '안전시대'로 반전시키는 계기가 되길 바란다.

2014년 07월 25일

49 마지막 보루가 무너졌다

 1993년 김영삼 대통령은 '쌀 사수' 머리띠를 두르고 국민께 쌀 개방만은 절대로 하지 않겠다고 공약하고 대통령에 취임하였다.

 그러나 그해 쌀 개방을 일정 기간 유예하겠다고 물러섰다. 유예기간 동안 매년 일정량의 쌀을 외국에서 사들이는 조건이었다.

 20여 년을 외국쌀 사주는 조건으로 전면 개방을 미루어 왔으나 올해(2014)의 의무수입 물량만 40만 톤에 이른다. 내년엔 82만 톤으로 늘어난다.

 쌀 개방 저지는 말뿐이고 매년 사줘야 하는 물량을 감당할 수 없게 되자 현 정부는 2015년 쌀 전면 개방을 선언하게 된 것이다. 쌀 개방 저지의 마지막 보루가 무너지고 말았다.

 농민들의 극한투쟁이 예상되지만, 개방 압력을 막을 길이 없으니 농민과 시민단체도 이를 받아들일 수밖에 없다.

 역대 정권은 무너지는 농촌을 살리기 위해 천문학적 자금

(세금)을 쏟아 부었다. 그러나 지금의 농촌은 20년 전이나 지금이나 별로 나아진 것 같지 않다.

근본 원인은 일할 수 있는 젊은이들이 없다는 것이다.

현재 농업에 종사하는 농부들의 연령은 67세 이상이 대부분이다. 고령화된 농촌 인력을 교체할 대안을 찾아야 농촌에 희망이 있고 어린아이 울음소리도 들리게 된다.

도시의 젊은이들이 농촌으로 돌아올 수 있는 유인책이 필요하다.

도시엔 고학력 실업자들이 넘쳐나지만, 그들은 농촌으로 돌아올 사람들이 아니다. 교육제도를 개혁해야 한다.

마이스터 고교 외 농어업전문 고등학교를 활성화하여 고교 졸업 후 농촌에 정착할 수 있도록 각종 지원제도를 만들어야 한다.

의료시설, 교육시설, 문화시설을 확충하여 도시로 나가지 않아도 문화생활을 할 수 있도록 해야 한다. 도시거주 세금을 부과하여 농어업 종사자들과 그 자녀들에게 혜택을 주도록 하는 세금체계를 만들어 도시에 살면 주거세 농촌에 살면 주거 보조금을 받을 수 있도록 하면 좋을 것이다. 현행 대학 정원은 대폭 줄이고 농어촌마다 미니특수고등학교를 신설해서 도시에서 사는 것보다 농어촌에 정착하는 것이 더 유리하도록 여건을 조성하는 길밖에 더 좋은 방법은 없을 것이다.

쌀 관세를 대폭 올리고 그 재원으로 쌀 직불금을 올려서 쌀 농사에 의존하는 농가를 지원하는 단기처방도 필요하다.

2014년 07월 18일

현대인은 무슨 일이든 그것을 재빨리 해치우지 않으면 시간을 손해 본다고 생각한다.
그러나 그들은 시간과 함께 자신이 얻는 것은
무익하게 시간을 보내는 것 외에는 무엇을 해야 할지 모르는 것이다.

– 에리히 프롬

Part 2
아직 바뀌지 않는 것들 이것들은
꼭 이루어져야 할 텐데

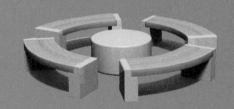

1 자가용 타고 만주벌판 달리는 꿈을 꾸자

잠잘 때 꾸는 꿈과 자지 않고 꾸는 꿈이 있다.

자지 않고 꾸는 꿈은 이루고자 하는 희망 사항이다. 내 주변의 변화와 성취를 바라는 작은 꿈과 나와 직접적이지는 않지만, 더 좋은 환경으로 바뀌길 바라는 아주 원대한 꿈이 있다.

작년 6월엔 '내 차 타고 중국대륙 달리는 꿈'이라는 칼럼을 쓴 일이 있다.

그때 그 꿈이 성큼 다가오고 있다.

시진핑 주석이 우리나라를 단독 방문하는 일이 벌어졌다. 5,000년 역사상 처음 있는 일이다. 늘 지배만 하던 중국이 친구가 되어 직접 찾아온 것이다. 한민족의 원대한 하나의 꿈이 이루어진 것이다.

양국 정상회담 중 중요한 내용 하나가 눈에 번쩍 띄었다. 2015년을 중국관광의 해, 2016년을 한국관광의 해로 정하고 1,000만 명 이상이 서로 방문하는 관광사업을 하자는 것이다. 아울러 양국방문, 관광객의 편의를 위해 자가용 승용차 타고 상대국을 방문할 수 있도록 하는 방안을 검토해 나가기로 한 내용이다.

내 꿈이 이렇게 빨리 성사되다니. 정말로 꿈같은 이야기이다.

황해 해저터널을 건설하여 인천과 청도를 바다 밑으로 연결하여 자가용 싣고 서로 상대 나라로 여행하는 꿈이 실현 가능해졌다.

필자에겐 또 하나의 꿈이 있다.

내 차 타고 판문점에서 신의주를 거쳐 압록강 대교를 건너 단둥과 선양, 하얼빈 등을 두루 돌아오는 꿈이다.

이미 중국과 북한은 경의선 고속도로 건설계약을 맺었다. 우리나라 건설사가 참여하는 것도 논의 중이다.

남북 간의 협의가 잘된다면 머지않아 육로로 자가용 타고 중국대륙을 여행할 날도 멀지 않았다고 생각한다.

남북 간에 으르렁대고 있을 시간이 없다. 북한은 우리의 기술과 경제력을 최대한 활용하여 실리를 챙기면 된다. 반도 한 귀퉁이에서 지지고 볶고 아귀다툼하고 있을 때가 아니다.

한때 만주 벌판을 호령하던 한민족의 후예답게 자가용 타고 만주벌판을 질주하는 꿈을 이룬다면 중국도 좋고 북한도 좋고 한국은 큰 꿈 실현하는 계기가 되니 자손만대에 자랑거리가 될 것이다.

참고로 2013. 6. 5일자 칼럼을 게재한다.

2014년 07월 11일

내 차 타고 중국대륙 달리는 꿈 _2013년 08월 30일

6·25전쟁 때 중국의 백만 대군이 북한을 지원하기 위해 압록강을 건넜다.

1953. 05. 27 휴전협정이 이루어지기 직전까지 3.8선을 중심으로 치열한 전투를 하였다.

북한군을 대리해 싸운 것은 중공군이었다.

특히 백마고지를 서로 차지하려고 10여 일에 걸쳐 12차례나 주인이 바뀌는 싸움의 상대는 북한군이 아닌 중공군이었으니 중공군은 적군이었다.

그런 적대 국가의 총지휘관인 총참모장(합참의장)과 우리군의 총지휘관인 합참의장이 베이징에서 마주 보고 앉아 북한의 비핵화와 한·중 간의 군사교류 및 직통전화(핫라인) 설치에 합의하고 청도에 있는 북해함대를 같이 시찰하는 사건이 벌어졌다.

우리 공군기를 타고 중국에 들어간 것도 이례적이다.

이런 상황을 보고만 있어야 하는 북한 정권의 최고 지도자 심정은 어떨까?

상상만 해도 통쾌하지 않은가!

이제 곧 우리나라 대통령이 중국을 국빈으로 방문하여 시진핑 최고지도자와 베이징에서 회담하게 된다.

늘 중국의 속국처럼 살아온 수천 년의 한을 털어버리고 중국과 대등하게 교류하는 대한민국!

정말 경사스럽고 자랑스럽지 아니한가!

경제교류와 정치교류에 이어 군사교류까지 지구상에서 가장 큰 나라가 이웃이고 형제지간이 된 것으로 만족하지 말고 이참에 인천과 청도 사이의 바다 밑을 달리는 해저터널을 생각하는 것은 어떨까?

전 정권부터 검토했으나 결론을 내지 못한 한·중 간의 해저터널을 건설하는 협정을 하고 돌아왔으면 좋겠다.

무비자로 내 차 타고 중국대륙을 달리며 "대한민국 만세!"를 부르는 날이 올 것만 같다.

아직은 꿈이고 미래일 뿐이지만 전혀 불가능한 상상이 아니다.

아침 먹고 이웃 동네 가듯 내 차 타고 청도거리, 북경거리를 질주하고 저녁에 돌아오는 날이 빨리 와야 할 텐데……

한·중 해저터널 공사가 하루빨리 이루어지길 기대해 본다.

2013년 06월 05일

2 노인정을 치매 예방 센터로

필자가 어렸을 때, 할머니 방문이 밖으로 잠긴 것을 자주 보았다.

할머니는 문에 붙은 창호지를 모두 뜯어내고 때로는 변을 창살에 덕지덕지 발라 놓고 있기도 했다.

농촌에서 치매 노인을 돌볼 수 없어 밭에 나갈 때는 방문을 걸어 잠그고 나가기 때문이었다.

치매는 암보다도 더 무서운 병이라고 한다.

암은 치료가 안 되면 일정 기간 고생하다가 죽게 되지만 치매는 한번 걸리면 사망까지 10년~20년을 고생해야 하고 가족이 붙어 수발하거나 요양원이나 요양병원으로 보내야 하지만 본인이나 보호자에겐 죽을 때까지 정신적, 육체적, 금전적 부담을 안고 살아가야 한다.

15일은 스승의 날을 맞아 은사 선생님 몇 분을 모시고 식사를 대접했다.

담임을 맡았던 은사 선생님은 치매기가 있어 거동이 불편하고 귀가 어두워 대화가 어렵다 하여 모시지 못했다.

치매는 선생님도, 일국의 대통령, 수상도 잘 걸리는 병이니 언제, 누가 걸릴지 모르는 아직 정확한 원인조차 알지 못하는 노인병이다.

최근 치매 환자가 급증하여 전국에 54만여 명으로 추정되는 치매 환자가 있다.

서울과 수도권엔 치매지원센터가 있어 일부라도 수용할 수 있지만, 지방이나 농촌엔 그런 시설이 없다.

여유가 있는 집안에서는 형제들끼리 요양비를 갹출하여 요양원으로 모시기도 하지만 그렇지 못한 가정에서는 가족이 몸으로 때워야 한다.

환자가 발생하기 전 예방교육이 필요하다.

아직은 정부 차원의 예방프로그램이나 시설이 부족하고 급증하는 노인들 스스로 치매 예방 상식이 없어 앞으로 큰 사회 문제가 될 것이 뻔하다.

정부와 지자체 그리고 언론이 빨리 나서야 한다.

이미 발생한 환자의 치료도 문제지만 앞으로 발생할 예비환자에 대한 교육과 관리가 절실하다.

마을 노인들이 모여 잡담하고 바둑, 장기, 화투놀이로 소일하는 노인정(마을회관)을 치매예방센터로 전환하고 지역 보건지소의 직원이 예방교육을 맡는다면 큰 예산 들이지 않고도 치매 환자를 줄이는데 크게 기여할 것이다.

정부 당국의 신속한 조치가 필요하다.

2013년 05월 16일

나의 친구는 세 종류가 있다.
나를 사랑하는 사람.
나를 미워하는 사람.
그리고 나에게 무관심한 사람이다.
나를 사랑하는 사람은 나에게 유순함을 가르치고.
나를 미워하는 사람은 나에게 조심성을 가르쳐 준다.
그리고 나에게 무관심한 사람은 나에게 자립심을 가르쳐 준다.

- J.E. 딩거

3 벚꽃 맞불작전

　벚꽃하면 일본의 사꾸라를 생각하고 일본꽃으로 치부해버린다.
　그러면서도 전국의 명승지엔 벚나무를 계속 심고 있다. 4월이 되면서 진해군항제를 비롯하여 여의도 윤중로 벚꽃축제가 절정을 이룬다.
　봄이면 이곳뿐 아니라 전국의 산야가 벚꽃으로 뒤덮인다.
　우리나라는 우리 꽃을 무궁화로 정하고 있으나 무궁화는 벚꽃에 비하면 크기나 번식력에서 벚나무를 따라갈 수 없을 정도로 초라하다. 그래서 국민 모두가 외면하고 있다.
　애국심이 강한 일부 국민과 관공서에서만 심고 가꿀 뿐 전국적 보급현황은 미미하기만 하다. 그에 비해 벚꽃은 새들에 의해 전국 방방곡곡으로 퍼져나가고, 묘목원에서 누구나 쉽게 구해 심을 수 있어 좋다.
　봄철을 장식하는 꽃으로 개나리, 진달래, 철쭉, 영산홍, 목련, 매화 등이 있으나 벚꽃을 능가할 만한 꽃은 없다.

벚꽃은 원산지가 제주도로 일본이 재빨리 가져가 개량하고 또 개량하는 등 정성 들여 전국을 벚꽃으로 장식해버렸다. 그리고 그들 고유의 꽃이라 우겨대고 있다.

우리도 일본에 빼앗긴 우리 꽃 벚꽃을 당당하게 우리 꽃이라 주장하고 우리 꽃 행사를 대대적으로 벌여나가야 한다.

벚꽃보다 강하고 화려한 꽃을 만들어 낸다면 좋겠지만 그렇지 못할 바에야 빼앗긴 벚꽃을 다시 뺏거나 일본에 맞불작전을 펴서 일본의 기세를 꺾을 필요가 있다.

미국에서는 일본 벚꽃을 동양 벚꽃으로 부른다고 한다. 우리가 주장하지 못하고 있는 동안 먼 나라 미국에서 먼저 벚꽃이 일본 고유의 꽃이 아니라는 것을 증명하고 있는 것이다.

늦었지만 지금부터라도 제주도산 왕벚꽃을 우리 꽃으로 부르고 전국적으로 확산시켜 벚꽃의 종주국임을 만천하에 알리는 동시에 우리 민족의 우수성과 우리 것의 우수성을 후손들에게 전수해야 할 의무가 있다.

14년 04월 04일

인생에 있어서 성공의 비결은 성공하지 않은 사람들에게 있다.

– 콜린즈

4 도시 근교 창고형 건물 양성화는 규제개혁의 본보기

규제개혁은 역대 정권 최고 책임자의 단골메뉴이다.

박근혜 대통령께서 규제는 '암덩어리'라고 격한 어조로 말씀하시며 규제와의 전쟁을 선포했다. 손톱 밑 규제부터 제거해 보자고 했으나 안 되니까 나온 강도 높은 대책이다.

그러나 자치단체의 말단 공직자들과 구, 시의원들에겐 아직 와 닿지 않을 것이다. 규제가 곧 힘이고, 밥줄이기 때문이다. 규제 속에서 신음하는 산업현장 한곳을 가보자!

전국 대도시 주변엔 창고형 조립식 건물이 많이 있다.

지목상으론 농림지이지만 그런 농림지에도 건축허가가 난다. ①농산물 보관 창고 ②양어장 ③버섯재배사 ④콩나물공장 등 주로 농수산물 보관 또는 생산, 유통용으로 허가된 건물들이다.

산업환경의 변화와 수요에 따라 정책적 판단에 따라 특수목적 용도로 허가된 건물들이 급격한 산업환경 변화로 허가 당시의 필요성이나 목적대로 사용할 수 없는 상황이 될 때가 많다. 그러나 행정당국에선 일절 용도변경을 허용하지 않는다.

일부는 문을 닫아 놓고 방치했다가 도로나, 도시개발 용도로 수용 고시되면 좋은 조건(건축비, 시설비, 이사비용 등)으로 보상받기도 한다.

　그래서 일부 악덕 업주들은 보상을 위한 건축물을 대량 신축하여 한몫 잡으려는 사례도 나타난다. 그러나 대다수의 생계형 건축주들은 용도변경이 되지 않아 불법(용도변경) 영업을 하게 되고 당국에 적발되어 지속해서 이행강제금을 물어가며 생업을 이어가고 있다.

　이들은 모두 영세 사업자이고 생업을 위해 정부 당국의 필요 또는 수요에 의해 조건부 허가를 받아 건물을 짓고 영업을 하다가 적발되어 과태료를 물고 때로는 강제철거, 구속 등의 수난을 겪게 된다. 허가 당시의 환경이 바뀌거나 일정 기간이 경과한 건축물에 대한 양성화가 필요하다.

　활용 용도를 다양하게 해주든가 아니면 상황에 따라 용도변경을 해주면 소기업 활성화는 물론 일자리 창출의 일등공신이 될 것이다.

　일자리도 창출하고 영세기업 활성화를 통한 경기부양 효과로 두 마리 토끼를 잡을 수 있는 경기활성화대책이며 규제개혁의 대표적인 사례가 될 것이다.

2014년 03월 21일

5 인도로 가면 성공할 것이다

　매년 해외에 나가 많은 정보를 수집하고 경영에 참고하기 위한 소기업 인들의 모임이 있다. 올해엔 인도를 1주일간 살펴보았다.

　우리 국토의 30배에 달하는 거대한 땅덩어리에 13억 인구가 살고 있는 인도는 우리나라의 1970년대 전후의 모습이었다.

　농촌은 자급자족, 수작업으로 농사지으며 살아가는 미개척지이다. 사탕수수, 보리, 밀, 면화 등을 재배하는 천수답 농업이랄까 관개시설 하나 없어 전적으로 하늘만 바라보며 사는 곳, 무한대의 농토가 있어 한국의 젊은이들이 진출한다면 신천지로 변신시킬 수 있는 적지라 생각되었다.

　도시엔 차들이 서로 엉켜 온종일 전쟁터를 방불케 한다. 시가지를 질주하는 가장 멋진 차들은 현대자동차의 i30이다.

　대중교통 부재 속 현대자동차의 택시 행렬이 볼만하다. 토종 세발자동차 속 i30 현대택시는 선진화된 한국과 후진적인도를 비교하는 하나의 척도로 보면 좋을 것이다. 10분~20분 거리를 1시간~2시간 걸려도 누구 하나 불평하지 않는 나라. 3차선이 갑자기 5차선이 되고 역주행 차량이 한 대 나타나면 그 뒤를 쭉 따라 달려서 순식간에 새로운 차선이 되는 나라.

공원이나 인도는 차들이 요란하게 경적을 울려대며 주인행세 해도 단속하는 공무원, 경찰은 없는 나라. 무법이 법을 깔아뭉개는 나라가 인도인 것 같다.

부지런한 한국의 젊은이들이 이 나라에 진출한다면 모두 성공할 수밖에 없다.

12시가 돼야 문을 열고 밤 12시가 되면 문 닫는 나라! 너무나 가난하고 너무나 게으른 사람들이 사는 나라! 방향감각 없이 동물적 생활을 하는 국민이니 부지런하고 머리 잘 돌아가는 한국의 젊은이들에겐 땅 짚고 헤엄칠 수 있는 환경이 아닐 수 없다.

인도의 젊은이는 해외로 나가야 새로운 세상을 볼 수 있고, 한국의 젊은이들은 인도로 들어가서 능력을 발휘한다면 크게 성공할 수 있을 것이다.

먹을 만한 식당(중국식) 또는 호텔식 음식점을 찾으려면 한두 시간씩 차로 이동해야 할 정도로 안심하고 먹을 수 있는 음식점 찾기가 힘들다.

인도에서 음식점을 해도 괜찮을 거고 인도에서 건설업을

해도 괜찮을 조건이다. 부지런한 한국인을 기다리는 인도, 무한한 자원과 드넓은 땅덩어리, 시스템 0점 상태의 인도가 일자리 없어 고민하는 한국의 젊은이들에게는 새로운 희망이 될 수 있을 것이다.

2014년 02월 17일

자기 앞길에 어떠한 운명이 기다리고 있는가.
그것을 묻지 말고 나아가라!
그리고 대담하게 자기 운명에 직면하라.
자기 앞길에 무슨 일이 생길 것인가 묻지 마라!
오로지 전진하는 자만이 성공한다.

— 이필연

6 식탁에 전자저울 부착하자

우리의 식단도 많이 변하고 있음을 피부로 느낄 수 있다. 음식점마다 메뉴에 산지표시(국적)가 되기 시작했다. 주방도 점점 현대화하고 위생 상태도 상당히 좋아졌다.

아직도 복장도, 식기류도 불결한 곳이 없진 않지만, 조리원들의 복장이며 식기류의 청결 상태도 몰라보게 달라지고 있다는 느낌을 받을 것이다.

선진사회로 진입하는 과정이 점점 빨라지고 있다는 증거로 받아들이면 좋을 것이다. 전두환 정권 때 식단을 규제한 일이 있었다.

반찬 수를 제한하고 추가 주문 시 별도로 값을 지급해야 하는 등 식단 개선 정책을 시행한 경험이 있다.

다시 한 번 식생활 개선 캠페인을 벌였으면 좋을 것 같다.

필자가 운영하는 회사에서는 그 당시 정부시책에 호응하여 반찬 수를 5종 이내로 줄이고 초과할 시는 조리원에게 불이익을 주는 제도를 시행하여 지금은 완전히 정착되었다. 염도

측정기를 비치하고, 전자저울도 비치하여 고기가 나오는 날엔 1인당 120g씩 지급하고 있다.

영양사가 별도로 있는 것은 아니지만, 경리가 영양사 역할을 겸하고 있어 불편이 없다. 식당마다 전자저울 비치를 의무화하는 제도가 필요하다.

더 나아가 가정에 까지도 확산하여야 한다.

필자는 이미 수년 전 전 직원에게 전자저울을 지급하여 가정에서부터 식단의 개선과 계량화 습관을 만들도록 조치하였다.

결과를 확인할 수는 없지만 모든 가정과 외식업체가 동참한다면 우리의 식생활 문화가 전 세계 식문화를 선도하게 될 것이다.

100세 시대에 걸맞은 식생활 문화로 정착되어야 온 국민이 100년을 무병장수하는 나라가 될 것이다. 각 방송국에서도 적극 동참하기를 기대해 본다.

채널A라는 방송국에서 방영하는 먹거리 X파일은 식생활 문화를 바꾸는 선도적 역할을 하고 있다.

짜게 먹는 식사습관, 조미료에 의존하던 조리문화, 불결한 위생 상태를 개선하는 역할을 톡톡히 하고 있다.

식당에서 고기 (몇)인 분 시켜놓고 먹다 보면 늘 부족함을 느꼈을 것이다.

추가에 추가 모든 과정이 주먹구구로 이루어진다.

계량기(저울)를 비치하고 정량이 나오는지부터 확인하는 습관이 모든 국민에게 확산하면 식당과 고객 간의 신뢰도는 높아지고 각자 자기의 적정량 개념도 달라질 것이다.

저울 비치운동을 정부가 주도하든가 아니면 언론사가 먼저 시작하는 것이 파급효과가 가장 크고 확산 속도도 **빠**를 것이다.

이를 해당 기관이 나서지 못한다면 가정에서부터라도 시작되기를 기대해 본다.

2013년 11월 30일

자기 신뢰가 성공의 제1의 비결이다.

— 에머슨

7 신호등 공해, 회전교차로로 해결해야

서울시와 서울지방경찰청이 함께 시행하는 편도 2차선 이하 네거리에 회전교차로를 설치해 현재 13곳을 운영 중이며 그중 3개소를 분석한 결과 차량 통과시간이 두 배 빨라졌다는 모 신문사의 보도를 보고 2012년 12월 10일 자 칼럼이 생각나 재게재한다.

도심에 설치되었던 육교는 모두 없어지고 통행이 뜸한 곳에까지 신호등이 설치되어 시간 낭비, 유류 낭비, 자원 낭비가 심각하다.

차량 흐름을 막는 신호등을 가급적 줄이고 종전의 회전교차로로 바꿔 차량흐름을 정상화하도록 해야 할 것이다.

기존 설치된 신호등이 있는 통행인이 적은 건널목엔 버튼을 부착하여 사람이 통행할 때만 사용하도록 하는 개선책도 필요하다.

2013년 10월 12일

회전 교차로 _2012년 02월 10일

회전 교차로 보다는 로터리라는 말이 일반 대중들에겐 더 익숙한 말이다.

삼각지 로터리는 가수 배호의 노래로 더 유명해졌고 로터리의 대명사가 되었다.

필자에겐 2년 6개월간 군 생활을 하면서 매일 돌아다니던 길이라서 더욱 감회가 새로운 이름이다.

그러나 1960년대부터 교통량의 폭주로 인하여 로터리 기능이 마비되었다.

1970년대부터 현재의 삼각지, 입체교차로로 바뀌었다.

전국에는 6만여 개소의 교차로가 있다.

전두환 정권 때 로터리를 전부 허물고 신호등 체계로 바뀌었는데 특정인의 돈벌이를 위해 전국의 로터리가 없어진다는 루머가 돌 정도로 전국의 로터리는 급속도로 해체되었다.

국토 해양부는 올해(2011년) 전국 100여 개소에 한국형 로터리를 시범적으로 설치하겠다고 발표했다.

로터리는 신호등이 없어 교통소통이 원활하고 빠르지만,

양보심이 부족한 운전자들 때문에 차들이 엉킬 수 있는 단점이 있다.

현행 신호체계에 익숙해진 보행자들도 상당 기간 불편을 느낄 수 있을 것이다.

그러나 현행 신호등 체계보다는 신호 대기시간이 짧아져 차량 흐름이 빨라지고 유류소비도 대폭 줄어들며 매연 발생도 크게 감소하는 등 좋은 점이 많아 전국적으로 확대 시행하는 것이 좋을 것이다.

차량 흐름을 방해하는 또 하나의 현상은 수백 년 동안 사람과 달구지들이 다니던 꼬부랑꼬부랑 시골길을 급한 대로 포장하여 사용하는 지방도로이다.

지방도로의 직선화도 시작해야 하고 박정희 대통령 때 강력하게 시행했던 접도구역도 부활해야 도로확장에 드는 막대한 보상비를 절약할 수 있는 근본 대책이 될 것이다.

8 평화공원과 대동강의 기적

박근혜 대통령의 신뢰프로세스는 착착 진행하고 있다.

핵 위협을 계속하던 북한도 신뢰프로세스 앞에 무릎을 꿇었다.

개성공단 개재에 남보다 북이 더 적극적이었고 근로자 철수, 남측 인원의 철수 등 그들이 일방적으로 취했던 모든 조치를 스스로 해제하고 남측이 요구하는 공단운영의 국제화와 재발방지 약속도 했다.

북은 한 수 더 떠서 금강산관광도 풀어 달라고 애걸하고 있으며 박근혜 대통령이 제안한 이산가족상봉 문제도 조건 없이 응했다.

이제야 김정은이 앞을 내다보는 듯하다.

러시아의 한반도 전문가 '올가말리체바'는 "고(故) 김정일 위원장의 최대 관심사는 경제문제였다."면서 러시아 방문 때 하나라도 더 배우려는 자세를 보였다고 회상했다.

그동안 북한은 경제 내팽개치고 정권 안보, 정권 대물리기에만 급급했다.

그 결과 세계 최빈국으로 전락하였고 굶어 죽는 백성이 속출하는 사태까지 발생했다.

그러면서도 이명박 옥죄기와 박근혜 길들이기도 병행해 봤다.

어떤 도발과 협박에도 굴하지 않는 박근혜 대통령의 굳은 의지와 동요하지 않는 국민을 보고 마음을 고쳐먹은 것 같다.

차제에 박근혜 대통령이 제안한 비무장지대 일부를 국제 평화공원화 하자는 제안도 받아들이기 바란다.

비무장 지대를 국제 평화공원으로 조성하는 데는 여러 가지 난관이 있을 수 있다.

남북이 머리를 맞대고 세계가 놀랄 멋진 작품을 만들어낸다면 세계평화상은 박근혜와 김정은에게 돌아갈 것이다.

시범적으로 서부전선 일부의 철책을 걷어내고 공원을 조성하여 북에서는 산나물이라도 가져와 팔고 남에서는 생필품을 갖고 가서 파는 남북공동의 '알뜰시장', '벼룩시장'을 운영하고 밤엔 로봇이 경비하는 첨단전자경비 시스템을 구축하여 남북 쌍방에서 누구도 침범하지 못하도록 제도화함으로써 서로 신뢰하며 상생하는 방어 시스템을 세계에 보여주고 이산가족이 언제든지 만날 수 있고, 서민들의 수입원이 될 수 있는 자유시장으로 발전한다면 더욱 좋을 것이다.

우리 대통령의 의지는 확고하다.

북의 김정은만 수용한다면 남북 간에 전쟁 없이 평화를 유지하는 평화공원을 세계인이 몰려오는 관광지가 될 것이다.

관광객 2,000만 명 시대를 넘어 5,000만 관광객을 유치하는 21세기 최고의 작품이 될 것이며, 북한도 기아에서 벗어나는 계기가 되어 세계인들은 '대동강의 기적'이 일어났다고 할 것이다.

13년 08월 23일

인생에 있어서 성공을 A라 한다면,
그 법칙을 A=X+Y+Z 로 나타낼 수 있다.
X는 일, Y는 노는 것이다.
그러면 Z는 무엇인가?
그것은 침묵을 지키는 것이다.

─ 아인슈타인

9 남북회담 빠를수록 좋다

작은 규모의 회사 운영도 큰 틀은 오너가 결정한다.

오너의 경영방침에 따라 실무부서에서 경영에 관한 세부 실천계획을 짜고 인력을 배치하여 실행에 옮길 수 있다.

오너의 경영방침도 없이 직원들이 각자의 생각대로 일하다 보면 좋은 성과를 이룰 수 없고 그 회사는 곧 파산하고 말 것이다.

국가의 정책도 대통령이 큰 틀을 제시하고 각부 장관이 큰 틀에 맞게 실천계획을 짜고 하부조직에서 실행에 옮기는 것이 원칙이다.

외교정책도 마찬가지다.

우리나라는 남북으로 분단된 채 대결국면이 지속하고 있다.

분단된 지 반세기가 지나고 있는데 역사의 큰 흐름 속에서 보면 긴 기간은 아니지만, 국민 마음속은 답답하기만 하다.

남북이 서로 대결하지 않고 상호 왕래하며, 상호 교류하며 평화롭게 살려면 양쪽 최고 지도자가 먼저 만나 큰 틀을 짜서 합의한 후 각 부서에서 실행계획을 짜고 실천해야 한다.

상대방이 먼저 제안하기만을 기다리거나 언론을 통하여 실천하기 힘든 조건만 제시하고 기다리다 보면 기회를 놓치고 만다.

노무현 대통령의 가장 큰 실책은 임기 말 남북회담이다.

회담 후 한 가지도 실행에 옮기지 못한 채 퇴임하면서 남북이 합의한 내용이 모두 물거품이 되고 지속적 논쟁거리만 만들고 말았다.

노 전 대통령의 실패를 거울삼아 박근혜 대통령은 보험회사 선전문구처럼 이것저것 따지지도 말고 묻지도 말고 남북회담을 빠른 시일 내에 성사시켜야 한다.

늦어도 2014년 초까지는 남북회담을 마쳐야 실천에 옮겨 다음 정권에서 일방적으로 파기하지 못하도록 해야 한다.

최고 지도자끼리 큰 틀에서 합의하면 실무적인 것은 각 부서에서 큰 틀의 합의사항에 맞게 세부계획을 세우고 실천해야 한다.

대집단인 국가정책이나, 중집단인 자치단체 운영이나, 기초집단인 가정운영에 이르기까지 최고 책임자가 먼저 틀을 제시하고 세부사항을 실무자가 정하는 것이 큰 흐름에 거슬리지 않고 순조롭게 잘 진행될 수 있다.

그런데 많은 사람은 작은 것부터 형식을 갖춰 큰 틀에 합류시켜야 한다고 생각한다.

경우에 따라선 맞는 말이기도 하다.

세계가 분초를 다퉈 변하고 있는 상황에서는 맞지 않는 제도이다.

큰 흐름이 정해져야 작은 흐름의 방향이 빨리 잡힌다.

대통령을 보좌하는 많은 보좌진은 대통령의 빠르고 큰 결단이 있도록 진언해야 한다.

가만히 앉아 지시가 떨어지기만을 기다려서는 안 된다.

서로 눈치 보지 말고 태평한 국가, 백년대계의 최우선 과제인 남북교류의 물꼬를 트는 데 대통령이 앞장서도록 진언해야 할 것이다.

2013년 11월 15일

인생에서 성공자가 되기 위한 조건은,
일에 대해서 나날이 흥미를 새롭게 할 수 있을 것과
일에 끊임없이 마음을 쏟는다는 것,
매일을 무의미하게 지내지 않는다는 것이다.

– 윌리엄 라이언 펠푸스

Part 3
안전사고 사례와 처방

1 맨홀에 들어갔다 질식사 한선우 씨

도로나 건물의 지하엔 각종 관이 거미줄처럼 연결되어 있다. 상수도관, 하수도관, 가스관 등 각종 관과 통신케이블이 혼란스럽게 매설되어 있다. 너무나 어지럽게 얽혀 있어 지하 매설 도면을 못 그릴 지경이다.

선우 씨는 각종 관을 연결하는 배관공이다. 곧은 관을 적당히 잘라 엘보로 연결하여 ㄱ, ㄴ, ㄷ, ㄹ자 등 자유자재로 연결 배관하는 요술쟁이이다.

선우 씨는 인문고등학교를 졸업하였다. 이 대학 저 대학 적성과는 무관하지만 붙고 보려는 의지만으로 시험을 쳤다. 그러나 재수, 삼수도 허사였다. 그래서 기술을 배워보기로 하였다.

기왕 기술을 배우는 김에 배관공인 아버지를 돕기로 한 것이 인연이 되어 아버지를 능가하는 기능공이 되었다.

아버지는 상수도 배관공사 중 관 이음새 작업을 하다 허리를 다쳐 3년째 병상에 누워 계시고 어머니는 병수발에 지쳐

작년에 돌아가셨다.

올해 고등학교 3학년인 여동생이 어머니를 대신하여 아버지 병수발을 하고 있다.

오늘 아침 출근길에 동생이 눈물짓고 서 있는 모습을 보았다.

"하루빨리 결혼하여 내 동생의 짐을 덜어 주어야 할 텐데……." 혼자 중얼거리며 출근하는 선우 씨.

다음 일요일엔 공원에라도 나가야 하겠다고 마음먹었다.

등판에 구혼 광고라도 붙여 보고 싶은 생각이다. 이렇다

할 작업도 없이 빈둥대는 친구들에겐 애인이 많은데 재주도 좋고 돈벌이도 괜찮은 선우 씨에겐 신붓감이 접근하지 않는다.

기술자 경시 풍조가 결혼에까지 영향을 미치고 있는 것이다.

이런저런 생각을 하는 동안 선우 씨의 오토바이는 회사 정문을 통과하고 있었다. 정문 위엔 "무재해 달성의 해"라는 현수막이 걸려 있다.

1년 내내 걸려있어 어느 누구도 신경 쓰지 않지만 그래도 여전히 붙어 있다.

선우 씨는 오늘 대형 상수도관 매설 공사의 마지막 점검 조에 편성되었다.

맨홀에 들어가 밸브를 점검하는 작업이다. 맨홀 출입구가 좁아 한 사람씩 들어가야 했다.

선우 씨보다 먼저 들어간 아버지 친구 이 씨는 선임이다. 맨홀 뚜껑을 열고 내부를 살피던 이 씨가 갑자기 추락하였다.

선우 씨는 선배이자 아버지의 친구인 이 씨가 떨어지는 것을 보고 반사적으로 맨홀 안으로 들어갔다.

가슴이 답답함을 느꼈다.

통증이 오고 숨이 막혔다.

비명을 지르려 해도 소리가 나오지 않았다. 코에서 피가 흘렀지만 느끼지 못하였다. 힘이 쭉 빠지면서 몸은 이미 허공으로 떠오르고 있었다.

오색영롱한 구름이 피어오르고 먼발치에서 어머니의 목소리가 들리는 듯했다.

어머니가 두둥실 떠서 가까이 다가왔다.

"왜 여기에 왔어? 너는 아니야. 네 아버지가 와야 해"

생전의 자상하던 어머니가 아니었다.

험상궂은 얼굴에 손톱을 길게 기른 어머니를 덥석 끌어안으려 했지만, 손에 잡히지 않았다. 그리고 잠시 후 어머니의 모습은 보이지 않았다.

밖에서는 요란한 사이렌 소리가 울리고 119구급차가 다투어 도착했다. 여러 사람이 달려들어 구조 작업을 하였다.

구급대원들에 의해 구조된 선우 씨와 이 씨의 사인死因은 가스에 의한 질식사였다.

선우 씨는 구름을 타고 한없이 긴 여행길에 올랐다. 먼저 간 이 씨도 같은 길을 가고 있을 것이다.

날개 잃은 고등학교 3학년의 철없는 소녀에게는 감당하기 힘든 무거운 짐이 또 하나 지어졌다. 그러나 병상의 아버지에게는 알리지 않기로 했다.

시신은 동료들에 의해 화장장으로 옮겨졌다. 한 젊은이가 한 줌의 가루가 되어 자연으로 돌아갔다.

오빠의 방 정리를 하던 여동생은 윗목에 걸려있는 어머니 사진틀을 잡고 통곡하다 사진틀을 방바닥에 떨어뜨렸다.

사진틀이 깨지면서 뭔가가 삐죽이 튀어나왔다. 무심결에 집어 들어 보니 3,000만 원짜리 저금통장이었다. 결혼 자금을 보관하였던 통장이었을 것이다.

동생은 통장을 가슴에 품고 한없이 울었다. 오빠의 따뜻한 체온이 와 닿는 듯하였다.

선우 씨의 결혼 자금은 오빠가 동생에게 준 마지막 선물이 되었다.

지위가 낮다고 남에게 불만을 털어놓고 주인에 대해 불평을 하는 것은 잘못이다.
무엇보다 먼저 일에 열중하라.
그리고 내가 없으면 주인이 곤란을 겪을 것이라는 것을 주인에게 인식시키라.
불평을 말하지 않고 사실로 보이는 것이 성공의 비결이다.

— 골덴

2 돌부처가 된 백 씨

1996년 12월 18일 통보광업소 막장에서 채탄 작업 중 막장이 매몰되는 사고가 발생하였다. 매몰된 15명의 광원을 구조하기 위해 며칠 동안 많은 구조 요원과 장비가 투입되었으나 한 사람의 생명도 구하지 못했다.

탄 더미에서 간간이 나오는 시신을 확인하느라 아수라장이 되고 확인된 시신을 부둥켜안고 울부짖는 가족들의 모습을 보면서 안전에 대한 생각을 모두 새롭게 하였을 것이다. 그러나 언론보도가 끝나고 나면 언제 그런 사고가 있었는지 모두 까맣게 잊고 만다.

탄광 사고와 같은 대형 사고는 아니지만 석산개발 현장도 사고가 많이 발생하는 곳이다. 발파 현장은 늘 긴장감이 감돈다. 발파 주임이 핸드스피커를 들고 대피하라고 고함을 지르다가 돌에 맞아 죽은 일도 있다.

석산의 백호우 기사는 항상 위험을 안고 일하는 사람이다. 이 현장의 백 기사는 발파한 돌을 옮기는 일을 하고 있었다.

백 기사가 결근이라도 하면 10여 대의 덤프트럭이 쉬어야 한다. 그래서 큰아들 광희가 이원하고 있는 병원에도 가보지 못하고 출근해야 했다.

백 기사의 아들 광희는 고등학교를 졸업하고 대학 진학을 포기하였다. 가정 형편을 고려하여 스스로 포기하고 서울에 있는 모 공장에 취직하였다. 열심히 기술을 익히던 광희에게 불행이 닥쳤다.

프레스기에 손가락을 잘리는 사고를 당하여 병원에 입원한 것이다.

'오늘도 무사히!'를 몇 번이고 되뇌며 집을 나서는 백 기사!

한 달 이상을 일한 현장이지만 긴장 속에서 하루를 보내야 한다. 아직까지 큰 사고는 없었다. 돌더미가 굴러 장비가 손상되고 차량이 파손되는 일이 자주 발생하지만, 일상적인 일로 생각할 뿐이다.

작업 인부들이 부주의로 발목을 삐거나(접질려서 어긋남) 타박상을 입는 일은 늘상 보아온 대수롭지 않은 일로 치부하기도 한다.

점심시간에 서울에 가 있는 부인의 전화를 받았다. 입원한 광희의 상태가 좋아 일주일 정도 있으면 퇴원할 수 있을 거란 반가운 소식이었다.

백기사는 몸이 나른하여 쉬고 싶었다. 그러나 수많은 수송

차량이 대기하고 있기 때문에 쉴 수가 없다.

화물 기사들은 한 탕, 두 탕 나르는 횟수가 곧 수입이다.

"나 때문에 화물 기사들을 공치게 할 수는 없지"

천근 돌을 나르는 백기사의 몸도 천근이나 되는 것 같지만 할 수 없다. 끝까지 일하는 수밖에는.

2시 30분쯤 갑자기 암벽의 붕괴가 시작되었다. 암벽 밑에서 작업 중이던 백기사는 '와르르' 쏟아져 내리는 돌더미를 피하지 못하였다.

수천 톤의 돌이 순식간에 백 기사를 덮쳐 버렸기 때문이다. 말 한마디 할 시간도 주지 않았다.

사고 즉시 각종 장비를 동원하여 구조 작업이 시작되었지만 돌더미를 치우는 데만 3일이 소요되었다.

종잇장처럼 찌그러진 장비와 함께 발굴한 시신은 형체를 알아볼 수 없을 정도로 처참하였다. 가족들의 통곡도 한계에 왔는지 창백한 얼굴들이 돌부처처럼 변하고 막상 시신이 모습을 드러냈을 때는 눈물도, 울음소리도 나오지 않았다.

수습된 시신은 40년간 살아온 정든 집에 잠시 들른 후 곧 장지로 향했다.

돈 많이 벌어 아버지 어머니 편안하게 모시겠다던 아들 광희의 모습을 보지 못한 채 떠났다.

차는 마을 어귀에서 한참 동안 머뭇거렸다. 장의차 운전기사도 노잣돈을 요구하지 않았다. 아들을 기다리는 백 기사의

3D현장엔 기자도 접근하지 않는다. 자질구레한 사건으로
치부하고 보도하지 않는다.

영혼이 차를 멈추게 했는지 모른다.

백 기사의 시신은 석산에서 그리 멀지 않는 양지바른 야산
에 묻혔다. 백 기사의 영혼은 돌부처가 되어 석산에 우뚝 솟
아 서울 간 아들이 돌아오는 길을 응시하고 있을 것이다.

백 기사를 잃은 현장에는 안전장비가 보강되고 고성능 확
성기도 설치하였다.

붉은 깃발을 든 신호수도 배치되었다.

왜 우리나라의 기업들은 사고가 나야만 대책을 세우는 것
일까? '소 잃고 외양간 고친다.'는 말을 사전에서 삭제해버려

야 이런 일이 되풀이되지 않을까? 하는 쓸데없는 생각마저 하게 된다.

백 기사와 같은 억울한 희생자가 전국의 공사장에서 매일 25명씩 발생해도 언론에는 보도조차 되지 않는 것이 우리나라의 현실이다.

연예 기사, 체육 기사, 정치 기사는 넘치고 취재 기자들도 경쟁적으로 몰려들지만, 우리 경제를 실질적으로 이끌어 가는 제조업체, 건설업체 등 3D 작업장엔 기자들도 찾아주지 않는다.

공무원도 국회의원도 용이 되겠다고 이리 뛰고 저리 뛰는 대선후보의 모습도 이곳에서는 찾아볼 수 없다.

장막 아닌 장막이 드리워진 작업장에 이들이 찾아와 실상을 파악하여 정책에 반영하고 신문 방송에도 작업장 기사가 넘치는 날, 한국 경제가 다시 살아날 것이다.

장기적 비전을 위해 단기적 손해를 감수한다. 이것이 성공의 비결이다.

— 빌게이츠

3 냉동실에서 맞은 최후의 대면

최 씨는 OO건설회사의 토목반장이다.

최 씨의 출근 시간은 늘 아침 7시이다. 작업 인부들이 출근하기 전에 회사에 나와 작업장을 점검하고 장비의 도착 여부를 확인해야 하기 때문이다.

작업이 없는 일요일에도 새벽같이 출근하여 작업장을 청소하고 쓰레기를 모아 소각한다.

공사장의 쓰레기는 분류할 수 없을 정도로 잡스러운 것이 많아 인적이 드문 이른 아침에 태워 없애야 하는 실정이다.

아침과 점심은 함바(현장에 임시로 설치한 밥집으로 시중 음식점보다 가격이 저렴하다)에서 먹고 저녁만 집에서 먹는데 술 한잔 하고 집에 들어가는 날엔 저녁조차도 거를 때가 많다.

그래서 혼자 앉아 리모컨 자판이 다 지워지도록 눌러대고 있는 마누라의 입술은 늘 튀어나와 있게 마련이다.

오늘 아침 출근도 상쾌하지 않았다. 내일 내야 할 곗돈이며 친척 집 결혼 축의금에 초등학교 다니는 남매의 과외비 등등 돈 들어갈 일이 태산이라며 부인이 바가지를 긁었지만, 묵묵부답 아무 말도 하지 못하고 나왔기 때문이다.

봉급일이 아직 일주일이나 남았는데 퉁명스럽게 돈 이야기를 하는 아내가 야속했다.

월말이 가까워지면 최 씨는 스트레스가 쌓이기 시작한다. 카드대금이 기다리고 있고, 월세 받는 날을 잊지 않는 집주인도 거북스러운 존재이며, 살 것부터 정해 놓고 바가지만 긁어 대는 마누라도 그렇다.

아침 7시 30분, 최 반장은 지하 4층 바닥에 서 있었다. 터파기를 오늘까지 마쳐야 하기 때문에 일찍부터 서둘렀다.

남편에게 가하는 스트레스는 바로 남편의 안전을 위협하는 요소가 될 수 있다.

지상에 있는 대형 크레인이 쉴 새 없이 흙을 달아 올려 덤프트럭에 옮겨 싣고 있었다. 한편에서는 솟아오르는 지하수를 뽑아 올리느라 정신이 없다.

무전기를 들고 다니기는 하지만 지하에서는 지상에서 전달하는 소리가 잘 들리지 않는다. 그래서 지상에서 일어나는 일을 정확히 판단하지 못하여 신속히 대응할 수가 없다.

작업을 시작한 지 30여 분 지났다.

트럭에 가득 실은 흙을 평평하게 고르다가 같이 섞여 있는 돌덩이를 잘못하여 떨어뜨리는 사고가 발생했다.

500여kg이나 되는 돌이 난간을 부수고 지하 4층으로 기세 좋게 낙하하고 있었다.

지하에 있던 최 씨는 뒤에서 돌이 내려오는 것을 전혀 모르고 있었다. 그사이 돌은 점점 가속도가 붙어 지하4층에 내려오면서 포탄으로 변하여 최 씨의 머리와 어깨를 무자비하게 내려쳤다.

최 씨는 순간적으로 몸을 움츠렸으나 때는 이미 늦어 소리 한전 지르지 못하고 쓰러졌다.

"최 반장! 최 반장!"

쓰러진 최 씨를 향해 작업 인부들이 소리를 지르며 몰려왔지만, 최 씨는 이미 처참한 상태로 죽어 있었다.

동료들은 입고 있던 작업복을 벗어 이미 숨이 끊어진 최 씨를 감싸 안고 병원으로 달려갔다. 달리는 동료의 몸은 사시나

무처럼 떨렸고, 온몸으로 피로 물들어 있었다. 동료들에 의해 병원으로 후송되는 동안 최 씨는 새로운 세상을 맛보고 있었다.

돌아가신 아버지를 만난 것이다. 아주 젊게 보였다.

최 씨가 초등학교 2학년 때 아버지는 30세의 젊은 나이에 돌아가셨다. 그런데 지금도 30세로 보였다. 그때 그 모습 그대로였다.

무어라 말할 듯하면서도 말이 없는 아버지 뒤에 피투성이가 된 채 끌려가는 친구가 보였다.

작년 이맘때 옥상에서 던진 오비끼(버팀목으로 쓰는 목재)에 맞아 사망한 그 친구이다. 반가운 마음에 친구를 향해 달려가려 했지만, 발걸음이 떨어지지 않았다.

항상 말도 없이 토라져 있기만 하던 부인의 울음소리도 들리고 간간이 어린 남매의 애절한 울음소리도 들렸다.

그때까지는 뇌의 기능이 완전히 멎지 않은 상태였는지도 모른다. 그러나 병원 측에선 죽은 것으로 간주, 냉동실에 넣어 버렸다.

사고 소식을 듣고 달려온 부인은 냉동실에 안치된 남편과 마지막 대면을 해야 했다. 쏟아지는 눈물이 그의 차가운 이마에 떨어졌지만 얼어붙은 남편의 몸을 녹일 수는 없었다.

흐느낌 속에서도 친구들의 이야기를 들을 수 있었다.

"철수는 회사 일에 너무 열심이었어?"

"위험한 현장은 꼭 철수가 맡는단 말이야?"

부인은 지금까지도 남편이 책상에 앉아 지시 감독만 하는 줄 알았다.

그런데 알고 보니 그렇지가 않았던 것이다. 이제야 남편의 업무를 어렴풋이나마 짐작하게 되었다.

그리고 가정보다 회사 일에 더 충실했다는 사실도 알았다.

그렇다!

집에 있는 부인이나 자식들은 가장이 직장에서 어떤 일을 하는지를 잘 모른다. 양복 입고 출근하면 모두 책상에 앉아 지시나 하고 있는 줄로 알고 있을 뿐이다. 그러나 가장들은 회사에 나가면 대부분 힘든 일이나 궂은일을 하고 있다.

최 반장도 말이 반장이지 현장 일을 뒷바라지하는 잡부들의 반장에 불과했다.

남편들은 가족의 회사에 나타나는 것을 싫어한다.

사랑하는 부인과 자식에게 기름때 묻은 작업복 입고 궂은일을 하는 초라한 모습을 보여주기가 싫기 때문이기도 하지만 큰소리치는 가장의 위엄이 실추될까 두려워서인지도 모른다.

그래도 가장의 일터를 자주 찾아가 보아야 한다. 위험한 일을 하는 직종일수록 자주 찾아가 위험 요소를 찾아보고 안전 대책을 세워야 한다.

"남들은 돈도 잘 벌어오고 좋은 차도 타고 다니는데 당신은 왜 이 모양이요?"

"김 씨네는 아파트를 샀다는데, 우린 언제 그런 집을 사는 거예요?"

집안에 앉아 바가지나 긁고 있는 주부가 얼마나 많은가.

남편의 건강, 남편의 안전은 곧 가족의 행복이다.

남편의 안전을 위해 현장도 가보고 남편의 일을 이해할 수 있는 책도 읽어야 한다.

기능직이나 단순 노무직 근로자들은 대체로 책을 싫어한다. 공짜는 다 좋지만, 책만은 공짜라도 'NO'다. 그렇다고 방치할 수는 없다. 부인이 대신 읽어야 한다.

나와 자식과 남편을 위해 책도 읽고 현장도 방문하여 사고 없는 아버지, 사고 없는 남편을 만들어야 한다.

최 씨의 시신이 화장장으로 향하던 날 온종일 비가 내렸다.

최 씨가 안치된 납골당의 임대료는 1만5천 원이다.

앞으로 15년은 돈 걱정할 필요가 없다. 매달 집세 받으러 찾아오는 집주인을 만날 필요도 없다.

어린 남매의 과외비며 생활비는 부인의 몫으로 돌리고 떠났으니 차라리 홀가분할지도 모른다.

내일부터 어린 남매를 데리고 세찬 파도에 혼자의 힘으로 뛰어들어야 하는 부인 엄 씨.

그들은 먼 훗날 한자리에 앉아 서로를 위로하고 서로를 반성할 것이다.

4 피지도 않은 봉오리 꺾은 소장 감투

요즘엔 청소부를 미화원이라 불러야 한다. 미화원을 청소부라 불렀다가는 봉변당할 각오를 단단히 해야 한다.

미화원이든 청소부든 부르는 이름이야 무엇이 되었건 하는 일은 매한가지인데, 그들은 청소부라 부르면 쓰레기를 마구 날려 불쾌감을 표시하고, 미화원 아저씨라 부르면 환하게 미소 지으며 더 깨끗하게 치워준다.

건설 현장에서 인부들이 감독하고 관리하는 사람을 과거에는 십장이라 불렀다. 그러나 요즘엔 소장이라 불러야 한다. 십장은 하루 벌어 하루 먹고사는 막노동꾼들에게는 대단한 존재이다. 그래서 십장이라 부르지 않고 소장님이라고 높여서 부른다.

정치판에서의 소장(?)보다는 못해도 막노동판에서는 소장에게 잘 보여야 계속 일을 할 수 있으니 소장님에 대한 대접이 융숭할 수밖에……

운전면허 없어도
책임감은 독 청하니
안심하세요

경험 없는 현장 책임자는 마치 운전면허 없이 고객을 운송하는 운전기사와 같다.

올해 나이 28세인 권 씨는 사장의 먼 친척이다. 요즘 같은 불황기에 지명도가 떨어지는 대학을 졸업하고서는 대기업에 취직하기란 하늘의 별 따기보다 더 어렵다.

6개월을 집에서 빈둥대며 눈칫밥을 먹고 있던 터에 친척으로부터 일을 도와 달라는 부탁이 들어왔다.

대표적인 3D 직업이라는 건축 현장이라 내키지는 않았지만, 소장자리라는 높은 감투를 주겠다는 제의에 권 씨는 마구 가슴이 설레었다.

"내가 소장이라니?"

"왜 나를 평사원이 아닌 소장으로……?"

소장 자리는 그래도 수십 년씩 그 계통에서 경험을 쌓고 능력도 인정받아야 오를 수 있는 자리인데 아무런 경험도 없는 사람에게 소장 자리를 준 그 친척뻘 된다는 사장은 도대체 어떤 사람일까?

지금까지 같이 일했던 현장 소장은 20여 년 동안 건축 현장을 누비고 다닌 베테랑이었다.

왜 베테랑 소장을 하루아침에 내보내고 아무것도 모르는 신출내기 소장을 대책도 없이 새로 앉혔을까?

모두 의아해하면서도 친척이기 때문에, 사장의 백으로 소장이 된 것으로 알고 이의를 제기하지 않았다.

내보낸 소장은 이미 능구렁이가 되어 사장을 농락하고 있었다. 모랫값을 올려서 차액을 빼먹고, 철근은 수량을 속여 빼먹고, 인건비는 투입 인원을 늘려 잡아 빼먹고, 불량 자재를 헐값에 사서 빼먹고, '오늘 경찰에서 왔다 갔습니다,' '어저께는 소방서에서 왔다 갔습니다,' 등 실제로 지출하지도 않은 각종 판공비를 올려서 빼먹는 등 공사대금 빼먹는 귀신이 되어 더 이상 시간을 끌다가는 사장이 쪽박 차고 거리에 나서야 할 판이었다.

마음씨 착한 사장은 소장에게 싫은 소리 한 번도 하지 못하고 참다 참다 할 수 없이 내보낸 것이었다. 그러나 주위 사람들은 이 사실을 몰랐다. 친척을 소장 자리에 앉히기 위해 20년 동지를 내보냈다고 욕을 하는 사람도 있었다. 사장은 못 들은 척하며 그냥 보아 넘겼다.

졸지에 소장이 된 권 씨는 출근하자마자 현황 파악도 하지 못한 채 작업 인부를 지휘하고 각종 장비며 차량을 유도하는 등 눈코 뜰 새 없이 이리 뛰고 저리 뛰어야 했다.

밤마다 코피를 쏟고, 허리는 끊어질 듯이 아팠지만, 소장으로 발탁해준 고마운 사장에게 조금이라도 도움을 주어야 한다고 생각했다. 마음 밑바닥에서 올라오는 강박관념 때문에 다음날 새벽, 떠지지 않는 눈을 비비며 천근이나 되는 무거운 몸을 이끌고 현장으로 출근하였다.

아무것도 모르는 젊은이를 소장으로 임명한 사장도 힘들기는 마찬가지였다. 인력 조달이며 자재 검수는 물론 현장 확인도 같이해야 했다.

게다가 언제 터질지 모르는 안전사고에 대한 노이로제 때문에 밤이면 잠을 이루지 못하고 날이 밝기가 무섭게 현장으로 달려가야 했다.

요즘 소규모 건설 현장은 자금난에 기술자(숙련공) 부족, 민원처리까지 사장이 몸소 뛰어야 해결되는 최악의 상황이 계속되고 있다.

큰소리치며 5조 원씩 대출 받아쓰고도 또 대출해주지 않으면 부도내겠다고 되레 협박하는 대기업 회장도 있지만, 소규모 기업엔 목에 힘주고 큰소리치는 은행장에게 빌붙어야 부도를 면할 수 있는 것이 현실이고 보니 이래저래 소기업 사장들만 골병든다.

권 소장은 사장이 나오기 전에 현장을 확인하고 미리 대기하고 있던 레미콘 차량을 유도하고 있었다.

레미콘차 운전자는 뒤에서 유도하는 현장 소장을 보지 못하고 후진했다. 뒤쪽을 살피며 서 있던 권 소장을 향하여 갑자기 후진하는 차량은 대피할 틈을 주지 않았다.

"스톱! 스톱!" 위험을 감지한 인부들이 고함을 쳤지만 레미콘차 운전자는 듣지 못했다. 무심하게 더욱 힘껏 가속페달을 밟았다.

육중한 차바퀴에 깔린 권 소장은 그 자리에서 급사하고 말았다. 소장으로 부임한 지 사흘 만에 당한 참변이다.

28세 총각의 죽음! 꽃봉오리가 피기도 전에 무참히 깔려 죽은 권 씨에게는 소장이라는 감투가 과분했나 보다.

차라리 주임 자리를 주어 차근차근 배워나가게 했으면 좋았을 것을! 경험도 기술도 기능도 없는 권 씨에게 벼락감투를 씌워준 사장님이 야속하지만 죽은 권 씨는 말이 없다.

인력난이 아무리 심각해도 무경험자, 무자격자의 현장 투입은 자제되어야 한다. 그것도 책임자의 자리에 배치하는 것은 더욱 심사숙고해야 한다. 목숨은 한 번 잃으면 다시는 되찾을 수 없으므로.

5 위험물이 보이지 않는 죽음의 현장

삶에 필요한 대부분 기구는 전기의 힘을 빌려야 하기 때문에 전기는 현대 사회에 있어서 가장 중요한 에너지이다.

만일 전기의 공급이 갑자기 중단된다면

전국의 공장에 있는 기계들이 일시에 멎을 것이며, 사무실마다 놓여있는 컴퓨터는 무용지물이 되고, 고층 아파트에서는 엘리베이터 대신 계단으로 15층까지 걸어 올라가야 하고, 지하에서는 전철이 갑자기 멈추어 생지옥으로 변할 것이다.

방송국에서는 전기가 나간 원인을 국민에게 알려줄 방법을 찾지 못해 애태울 것이며, 그야말로 도시 전체는 암흑세계가 되고 말 것이다.

최첨단의 문명사회를 한순간에 원시사회로 돌려놓을 수 있는 실로 가공할 힘을 가진 전기!

눈에 보이지도 않고, 냄새도 없고, 소리도 없는 전기!

우리 생활에 없어서는 안 되는 이 전기라는 에너지는 이로운 만큼 위험성도 따른다. 그런데 위험성에 대한 지식은 극히 일부 전문 인력만이 독점하고 있어서 대다수 국민은 무방비 상태로 위험에 노출되어 있다고 해도 과언이 아니다.

이들은 전기 상식을 대중화시키려 하지 않는다. 필자는 가정과 공장에서 전기안전공사 직원으로부터 안전 점검을 몇 차례씩 받은 경험이 있다.

누전 차단기, 접지봉 등 안전장치를 하지 않으면 단전을 한다든지 심지어 사주를 구속한다는 등의 말로 위협부터 하고, 고압적인 태도로 공포감을 조성하여 무슨 반사이익이라도 생각하는 듯했다.

안전사고 예방에 대한 계몽이나 조언자의 역할이 그들의 본분임에도 본연의 임무는 뒤로한 채, 상식이 부족한 실수요자를 위협하고 군림하려는 듯한 자세부터 앞세운다.

이러한 현실 속에서 감전사고로 죽어 가는 사람은 대단히 많다. 건설 현장의 사망 사례 중 두 번째로 많은 것이 감전사고인데, 사고가 나고 사망하기까지의 순간은 아주 짧다. 10초 내외에 '악' 소리 한 번 지르면 모든 상황은 끝난다.

전기선에 닿는 순간이 곧 죽는 순간이며, 고압 전류가 흐르는 충전장치에 접근하는 순간이 곧 저세상으로 가는 마지막 순간이다. 그래서 사고 현장이 좀처럼 노출되지 않고 흔적도 찾아볼 수 없다.

한 현장을 찾아가 보도록 하겠다.

건축 현장에서 거푸집(콘크리트를 부어 굳히는 틀) 공사를 하던 형틀목공 A 씨(50세)는 자기가 사용하는 휴대용 둥 근톱으로 각재를 절단하다가 감전 되어 즉사하였다.

형틀목공 B 씨(36세)는 지하에서 조명등을 들고 다니다가 피복이 손상된 부분을 잘못 잡아 사망했다.

형틀목공 C 씨(36세)는 지하주차장 거푸집 작업을 하던 중 전류가 흐르는 지보공을 잡았다가 감전되어 즉사하였다.

또 다른 형틀목공 D 씨(39세)도 주차장 작업 중 늘어져 있는 전깃줄이 거추장스럽다고 펜치로 싹둑 자르다가 감전되 어 죽었다.

이들은 면장갑을 착용하였을 뿐 절연장갑도 끼지 않고 절연화도 신지 않았다. 평소처럼 아무 생각 없이 전기가 흐르는 물건을 잘 못 만졌다가 죽은 어처구니없는 사고이다.

전기는 눈에 보이지 않는다. 냄새도 없다. 때문에 사전에 기본상식을 갖고 조심스럽게 다루어야 한다.

절연 장비(절연 장갑, 절연화, 절연복)를 천천히 착용하는 길만이 사고를 막는 길일 뿐, 일단 사고가 발생하면 10초 내외의 짧은 시간 내에 생명을 살릴 방법은 없다.

용접공 E 씨(40세)는 천장 철골 작업 중 감전되어 사망했다.

용접공 F 씨(40세)는 면장갑을 낀 채로 공장 보수작업을 하던 중 감전되어 사망하였다. 이들도 전기 상식은 있으나 안전의식이 결여되어 평소 습관대로 절연 장비를 착용하지 않아 생명을 잃은 것이다.

미장공 G 씨(47세)는 고압(22,000v)이 흐르는 변전실 바닥 미장작업 중 몸의 일부가 충전장치에 접촉되어 즉사하였다.

카고 크레인 운전기사 H씨(32세)는 고압 전류가 흐르는 전주 사이에서 인양작업을 하던 중 붐대가 전선에 접촉되어 붐대를 타고 흐르는 전류에 감전되어 즉사하였다.

펌프카 운전기사 I 씨(37세)는 다리 위에서 펌프카 컨트롤 박스를 직접 조종하다가 감전되어 죽었다.

덕트공 J 씨(43세)는 환기구를 설치하고 환기통을 부착하기 위해 휴대용 드릴로 콘크리트 벽체에 구멍을 뚫다가 감전되어 죽었다.

이들도 면장갑이나 반코팅 장갑을 착용하고 작업하다가 감전되어 죽은 예이다.

가전제품은 보통 110V 또는 220V의 저압이기 때문에 감전되는 순간 깜짝 놀라 얼른 손을 뗄 수 있다. 그러나 36,300 V, 6,600V, 22,000V, 229,000V, 154,000V, 345,000V 등 고압일 경우, 신체의 일부가 접촉되는 순간 딱 달라붙고 소리지를 틈도 없이 기절하고 만다. 그 사이 계속 전류가 흐르면서 몸이 타들어 가 사망하기에 이른다.

이러한 사고는 모든 전선에 흐르는 전류를 가정용 저압으로 착각하면서 발생하므로 철저한 교육이 필요하다.

또한 110, 220V 등 가정용 저압이나 380V 산업용 전기에 감전되어도 죽는 경우가 많음을 심각하게 인식해야 한다.

전기공 K 씨(24세)는 천장의 전등 배선교체 작업 중 몸의 일부가 접촉되어 사망했다.

전기공 L 씨(32세)는 건축현장에 임시 설치한 배전판 개폐기를 조작하다가 조작 잘못으로 감전되어 사망했다.

필자의 회사에서도 사용하지 않은 휴대용 둥근톱에 스위치를 올린 채 플러그를 뽑았다가 다른 근로자가 모르고 플러그를 꽂는 순간 둥근톱이 작동하여 작업대에 기대고 서 있던 목공의 엉덩이를 베는 사고가 있었다.

소켓 하나에 여러 가닥의 전기선을 연결하여 사용하다 과부하가 걸려 불이 난 일도 있다. 이와 같은 경미한 사고는 근로자들의 안전 불감증 때문이다.

전기 전문가들도 가끔 부주의로 죽어간다. 그 이유는 외견상으로 볼 때 전선에 흐르는 전압을 알 수 없기 때문이다.

노출된 전선에는 흐르는 전압을 표시해주고 작업에 임하기 전에 전기 상식을 교육하여야 함은 필수다. 품질 검사를 받은 절연 장비의 착용 여부도 꼭 확인해야 한다.

추락, 매몰 등의 건설 현장 사고는 미숙련공이 많은 반면 감전사고는 중견 기능공이 대부분이다.

다른 공사장의 사고는 한 번 사고에 많은 인원이 사고를 당할 수 있으며 경상자가 많고 사망자가 적은 반면, 전기사고는 모두 사망하는 것이 특징이며 한 번 사고에 한 명밖에 죽지 않는 것이 또한 특징이 있다.

전기사고는 10여 초라는 아주 짧은 시간에 죽음으로 결말이 나며 외상이 전혀 없고 한 번 사고에 한 명밖에 죽지 않은 특수성 때문에 좀처럼 외부에 노출되지 않으며 관련자 외에 일반인들에게도 알려지지 않아 똑같은 사고가 계속 발생한다는 데에 문제가 있다.

전기재해는 전기위험에 대한 무관심과 한순간의 부주의로 귀중한 목숨을 잃고 막대한 재산상의 손실을 가져와 전기 사용량이 많고 비가 많이 오는 여름철에 특별히 주의해야 한다. 모든 재해 예방이 그렇듯이 전기안전문화 정착 역시 정부와 전기안전공사의 의지와 노력만으로는 불가능하다.

국민 한 사람 한 사람이 모두 안전을 실천하겠다는 마음가짐과 실천 자세를 갖는 것이 가장 중요하다. 나 자신이나 가정의 행복뿐 아니라 국가 발전의 초석이기 때문이다.

행동력을 착실하게 향상시키려면 당신이 해야 할 일을
이 순간부터 주저 말고 시작하는 것이며,
전력을 다하여 부딪쳐 나가는 일이다.
이외에 성공의 비결이란 절대로 없다.

— 하라 잇페이

6 불기둥 타고 황건 간 황 씨

필자는 수년 전 목조 간이 화장실의 화재로 큰 화를 당할 뻔한 사건을 기억하며 교훈으로 삼고 있다.

회사에서 숙식하며 일하는 조 씨가 저지른 어처구니없는 사건이었다.

사건의 내용은 이렇다.

조 씨는 점심 후 대변을 보기 위하여 화장실에 들어갔다. 조 씨는 한 번 들어가면 30분 이상을 앉아있는 습관이 있다. 그런데 한여름 뙤약볕에 노출된 간이 화장실의 내부는 한증막이나 다름없었다. 냄새가 진동하고 파리가 온몸을 더듬는 상황이어서 짧은 시간도 견디기 힘들었다.

그래서 오늘도 담배를 피워 문 채로 앉아 있다가 잠시 눈을 감았다. 졸음이 엄습하였다. 입에 물고 있던 담배꽁초가 떨어지는 줄도 모르고 잠깐 꿀맛 같은 단잠을 즐겼다.

화장실에 앉아있는 동안 점심시간은 다 지나가고 오후 일과가 시작되었다. 서둘러 마무리를 하고 작업장으로 향했다.

어라? 화장실에서 담배를 피워 문 기억은 있는데 그 후의 기억은 전혀 없네! 반사적으로 화장실 쪽을 바라보았다.

"앗!"

이게 웬일인가! 화장실에서 불길이 치솟고 있는 것이 아닌가.

주변엔 수만 재(才. 목재를 세는 단위 3cm×3xm×360cm)의 목재가 적재(5ton 트럭으로 약 20대분)되어 있는데 불길이 목재 더미로 옮아 붙는다면?

필자가 지난 10여 년 동안 새벽 6시부터 저녁 6시까지 피보다 더 진한 땀을 흘려가며 죽기 살기로 일하여 모은 전 재산이 날아가는 아찔한 순간!

"불이야! 불이야?"

당황한 조 씨의 고함에 전 직원이 총출동하여 필사의 노력으로 진화 작업을 펼쳤고, 다행히 큰 피해는 없었다.

황 씨가 당한 화재사건도 원인은 담배꽁초였다.

건설 공사장 한 모퉁이엔 간이식당, 간이 숙소, 간이 화장실 등 한시적인 부대시설이 있다. 출퇴근이 불가능한 외지의 기능공들에게 숙식을 제공하는 이른바 '함바'는 건축용 중고 판넬을 축조하여 만든 임시 시설이다.

황 씨는 10여 명의 목수와 같이 한 달째 닭장 같은 침실에서 새우잠을 자며 일을 하고 있었다.

도급제여서 쉴 틈도 없다. 빨리 끝내면 끝낼수록 돈이 많이 남기 때문에 모두 농담 한마디 건넬 틈도 없이 일했다.

밤이 되면 모두 곯아떨어져 누가 업어 가도 모를 정도로 피곤했다.

모든 사람이 코를 드르렁드르렁 골며 곤히 잠든 사이 누군가 화장실을 다녀오면서 담배꽁초를 던진 모양이다.

무심코 던져진 담배꽁초는 바람에 날려 쓰레기 더미에 떨어졌다. 조금씩 연기를 피워 올리더니 작은 불씨로 커지고, 바람결에 힘을 얻어 불길을 만들어 옆에 있는 숙소로 옮아 붙었다.

이러한 사실을 모른 채 깊은 잠에 빠져 꿈길을 헤매는 인부들! 불길이 숙소를 완전히 뒤덮고 내부로 번져 옷자락에 불이 붙었다. 꿈은 계속 진행되었다. 어렸을 때 남의 밭에 숨어들어 콩깍지를 꺾어다 불에다 구워 먹고 있었다. 열기가 살갗에 닿았다.

"앗! 뜨거워. 앗! 뜨거워."

잠에서 깨어 불길을 피하느라 아우성이다.

모두 불길이 덜한 쪽의 창문을 깨고 밖으로 대피했다. 그런데 웬일인지 황 씨만은 현관을 통하여 식당 쪽으로 피하려 문을 여는 순간, 식당을 모두 태운 불길이 한꺼번에 현관문으로 확 밀고 들어왔다.

불길은 순간적으로 불기둥이 되어 황 씨를 휘감아 삼켜 버렸다. 맹렬한 기세로 달려든 불기둥은 황 씨에게 소리 한번

지를 여유도 주지 않았다.

황 씨의 시신은 불길이 다 잡힌 후에야 수습되었지만, 말로 표현 할 수 없을 정도로 처참한 상태였다.

가족들에게 황 씨의 시신을 보여주지 않으려고 병원 측과 협의하여 냉동실에 넣었다.

고향으로 모시고 싶다는 친지와 가족을 설득한 끝에 화장으로 결정되었다. 황 씨는 두 번 불에 타죽은 셈이다.

무심코 버린 한 개비의 담배꽁초가 한 고귀한 생명을 앗아가고 수백만 원의 재산을 태워버렸다.

건설 현장에는 모든 것이 간이 시설이기 때문에 따로 흡연 장소를 만들 수가 없다. 화재 감지기, 비상벨 등 화재 방지 시설도 사실상 불가능한 일이다.

금연 팻말을 세우는 일은 더 웃기는 일이다.

단 한 가지 방법은 각자 조심하는 것이다. 사고의 80%는 부주의에서 비롯된다. 모두 알아서 하라는 말은 자주 하지만 위험천만한 발상이다.

안전교육을 시행해야 한다. 안전수칙을 습관처럼 실천할 수 있을 때까지 지속적으로 철저하게 시행해야 한다.

형식적인 안전교육이나 시늉만 내는 소방교육은 안전 불감증만 증폭시킬 뿐이라는 것을 사업주들은 꼭 인식해야 한다.

사람이 살다 보면 크고 작은 실수는 언제든지 하게 마련이다. 그러나 사람들은 대수롭지 않게 생각하여 대부분 숨기고 넘어간다.

실수하지 않는다고 장담하는 사람!

무의식중에 발생하는 사소한 사고, 무지, 무능해서 겪는 시행착오를 있는 그대로 공개하고 원인을 분석하여 사고를 줄여나가는 캠페인이 작업장마다 일어나야 할 것이다.

근로자의 의식을 바꿔야 한다. 사장, 현장 소장의 의식 개혁은 더욱 급하다.

나이 먹은 근로자들의 현장은 음담과 패설뿐이다. 젊은이들이 많은 작업장은 귀청을 찢는 라디오 소리만 있을 뿐이다.

사고예방에 대한 토론이 없는 현장! 언제 어디에서 사고가 터질지 불안하기만 하다.

삼십 분이란 티끌과 같은 시간이라고 말하지 말고,
그동안이라도 티끌과 같은 일을 처리하는 것이 현명한 방법이다.

— 괴테

Part 4
과거가 없는 현재와 미래의 방

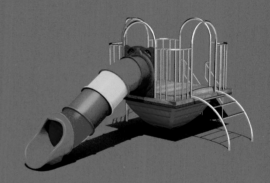

1 현재의 방

2 미래의 방

3 상상의 방

4 공상의 방

과거는 지우고 미래는 디자인하는 **역발상**

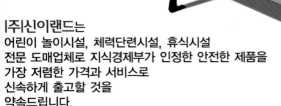

|주|신이랜드는
어린이 놀이시설, 체력단련시설, 휴식시설
전문 도매업체로 지식경제부가 인정한 안전한 제품을
가장 저렴한 가격과 서비스로
신속하게 출고할 것을
약속드립니다.

|주|신이랜드의 모든 제품은 발명특허, 실용신안, 디자인 등록이 된 제품이오니 지적 재산권 침해로 인한 법적,
경제적 피해를 입지 않도록 부탁드립니다. (침해사실을 알고 계신 분은 제보해 주시기 바랍니다.)
(제품의 품질 개선을 위하여 별도의 고지 없이 사양이 변경 될 수 있음.)

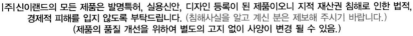

 |주|신이랜드   **SINI LAND** Co., Ltd.

본사 • 공장 : 경기도 고양시 일산동구 한류월드로 78 (장항동)
Tel. 031_903_8681, 8687, 5456   Fax. 031_902_9871

| siniland.co.kr | SL2000.co.kr |

e-mail : si8681@chol.com